电 子 新 传　　用 心 传 递

微观启事

ESE 2018

主编◎李雪梅 樊 勇
徐 岩 王 勋

电子科技大学出版社
University of Electronic Science and Technology of China Press
·成都·

图书在版编目（CIP）数据

微观 E 事 • 启航 / 李雪梅等主编. -- 成都 : 电子科技大学出版社, 2019.8

ISBN 978-7-5647-7183-6

Ⅰ. ①微… Ⅱ. ①李… Ⅲ. ①电子科技大学－校园文化－文集 Ⅳ. ①G649.287.11-53

中国版本图书馆 CIP 数据核字(2019)第 131439 号

内容简介

《微观 E 事 • 启航》是电子科技大学电子科学与工程学院（示范性微电子学院）结合学校及学院特色，坚持传承和丰富“博学、厚德、笃行、致远”的办学理念，发扬“追求卓越、勇创先锋”的学院精神，以服务师生、加强人文素质培养为核心，由学院师生原创、撰写的特色文集。内容包括教师专访、院友专访、学生风采等方面，代表了当代大学师生的思想潮流，反映了校园生活的点滴精彩，营造了具有人文情怀的学院氛围。希望通过本书的发行、传播，为培养具有人文底蕴与情怀、批判精神与思维、国际化视野与志向的精英人才助力。

微观 E 事•启航

李雪梅　樊　勇　徐　岩　王　勋　主编

策划编辑　周清芳
责任编辑　周清芳

出版发行　电子科技大学出版社
　　　　　成都市一环路东一段 159 号电子信息产业大厦九楼　邮编 610051
主　　页　www.uestcp.com.cn
服务电话　028-83203399
邮购电话　028-83201495

印　　刷　四川墨池印务有限公司
成品尺寸　210mm×285mm
印　　张　9
字　　数　250 千字
版　　次　2019 年 7 月第一版
印　　次　2019 年 7 月第一次印刷
书　　号　ISBN 978-7-5647-7183-6
定　　价　98.00 元

卷首语

PREFACE

自电子学院成立以来，学院师生共同努力，

接受挑战，战胜困难，携手走过了2018。

2019已来

电子人将继续坚定信念、坚守理想、启航未来！

以磅礴毅力，求奥秘电子之学，

借铿锵力量，问振兴中华之道！

初心犹在，砥砺前行，

电子人，永远在路上！

李雪梅

目录

CONTENTS

百舸争流

博学洽闻

花开遍地

电子科技大学

UESTC

1956

ONE

chapter

……

经始启航

电子科学与工程学院成立公告

走进电子科学与工程学院

学院院徽

我想对你说丨院友祝福

1 PART

电子科学与工程学院成立公告

2018年1月19日，电子科学与工程学院成立大会在沙河校区隆重举行。

为建立与现代大学制度相适应的治理结构，优化资源配置，完善学校内部管理体制和运行机制，促进学校“双一流”建设目标实现，按照以一流为目标、以学科为基础的要求，结合学校事业发展实际，科学构建基于一级学科建院的学科组织架构，经学校2017年12月4日党委全委会通过决定，成立电子科学与工程学院。

特此公告。

电子科学与工程学院

2018年1月19日

》 走进电子科学与工程学院 《

2018 年 1 月，由原电子工程学院、原微电子与固体电子学院（示范性微电子学院）和原物理电子学院与电子科学与技术相关的学科合并成立电子科学与工程学院（示范性微电子学院）。

目前，学院拥有一支以中国科学院院士刘盛纲教授、陈星弼教授领衔的雄厚师资队伍。国家杰出人才共 64 人，其中两院院士 5 人、IEEE Fellow 6 人、万人计划领军人才 1 人、国家特聘专家 29 人（含国家特聘青年专家 16 人）、长江学者 16 人（含青年长江学者 3 人）、国家杰出青年科学基金获得者 7 人、国家百千万人才工程入选者 3 人、国家优秀青年科学基金获得者 6 人、国家青年拔尖人才计划 4 人。学院现有教职工 460 人，其中专任教师 300 人、专职科研 58 人、专职实验人员 38 人。现有教授（含其他正高级）135 人，副教授（含其他副高级）161 人，86% 以上教师具有博士学位。

学院设有工科试验班（电子工程类），本科专业按大类招生，包含微电子科学与工程（国家特色专业）、电子科学与技术（国家特色专业，包括固体电子学和物理电子学）、电磁场与无线技术（国家特色专业）、电波传播与天线（国防紧缺特色专业）等 4 个方向。示范性微电子学院设有集成电路设计与集成系统本科专业。在读本科生共计 2500 余人。拥有国家工科电工电子基础课程教学基地、国家级实验教学示范中心（电子类）、国家电子信息材料与器件实验教学示范中心等 3 个国家级教学基地。现有 1 个专业入选教育部“卓越工程师教育培养计划”，1 个专业通过教育部工程教育专业认证。近一年，学院获国家教学成果二等奖 1 项，省级教学成果一等奖 1 项，入选国家级视频公开课 / 国家级精品资源共享课 / 国家精品在线开放课程等 3 门。在学院 60 多年的办学历程中，已为国家培养了一批知名学者、高级管理者、电子信息领军人物和近五万名相关领域的优秀人才。

学院负责建设的“电子科学与技术”学科为国家一级重点学科。在 2012 年全国第三轮学科评估中，“电子科学与技术”名列全国第一；在 2017 年全国第四轮学科评估中，“电子科学与技术”获得 A+（全国第一）。该学科下设 4 个国家二级重点学科和 1 个自设二级学科：电磁场与微波技术、电路与系统、物理电子学、微电子学与固体电子学、电子信息材料与元器件。学院设有电子科学与技术一级学科博士点和硕士点，电磁场与微波技术、电路与系统、物理电子学、微电子学与固体电子学、电子信息材料与元器件等5个二级学科博士点和硕士点，拥有“电子科学与技术”一级学科博士后流动站。学院拥有博士生导师117人、硕士生导师330人，共有在读全日制研究生2500余人。先后获得两篇全国优秀博士学位论文（2006年、2013年）、1篇全国优秀博士学位论文提名（2013年）、2篇中国电子学会优秀博士学位论文（2017年、2018年）、1篇中国电子教育学会优秀博士学位论文（2018年）、1篇中国电子学会优秀硕士学位论文（2017年）。

学院拥有电子薄膜与集成器件国家重点实验室、电磁辐射控制材料国家工程技术研究中心、极高频复杂系统国防重点学科实验室、微波电真空器件国防科技重点实验室等4个国家级科研平台；电子信息工程科学、微波材料与器件、集成电路与集成系统、低功耗微电子与微系统等4个高等学校创新引智基地（111计划）；微波毫米波与太赫兹电子学高等学校创新引智基地（培育）1个；通信应用单晶材料国际科技合作基地1个；国家集成电路设计成都产业化基地1个；多频谱吸波材料与结构教育部重点实验室、太赫兹技术教育部重点实验室、四川省微波毫米波工程技术研究中心、太赫兹科学技术四川省重点实验室等4个省部级研究平台。学院研究领域覆盖了电子科学与技术的主流方向，形成了从电子信息材料、器件、电路到系统的完整科研体系。承担的科研任务来自科技部、国家自然基金委、教育部、工信部等部委和地方企事业单位；任务类型涵盖了国家重大科技专项、重点研发计划、863计划、973计划，国家自然基金创新研究群体项目、重点项目、国家杰出青年科学基金项目、优秀青年科学基金项目等，预研、创新、型谱、基础科研及条件建设等，形成了以“军事电子”“基础研究”和“产学研合作”三足鼎立的科研格局。近五年，学院共承担各类项目共计800余项，科研经费11.6亿元；发表SCI收录论文2000余篇；出版著作/教材34本；获授权发明专利954件，其中美国专利17件。近五年来，学院以第一完成单位获国家科学技术奖励6项。

目前，学院与31所海外知名高校、研究机构建立了友好合作关系。合作伙伴包括美国哈佛大学、荷兰代尔夫特理工大学、新加坡国立大学、德国慕尼黑工业大学、美国范德堡大学、美国俄亥俄州立大学、以色列特拉维夫大学、英国卡迪夫大学等等。每年承办国际高水平学术会议5次以上。来自超过20个国家和地区的国际留学生攻读本科、硕士和博士学位，国际教育发展迅速。

未来，电子科学与工程学院将按照电子科技大学建设“特色性、研究型、开放式”大学的办学定位，走内涵式发展道路，依据科学技术发展趋势、社会经济发展需求和学院发展规划，充分发挥研究领域宽、综合实力强的优势，立足国民经济主战场，着眼国家重大需求，汇聚一流队伍，培养一流人才，产出一流成果，努力创建世界一流研究型学院。

2 PART

》 学院院徽 《

自2018年1月电子学院成立以来，院徽筹备小组进行了院徽投稿征集活动，共收到投稿作品40余件。经过初选，15个作品参与线上投票。结合优秀作品的设计灵感，综合学生、教师、校友代表的意见，院徽筹备小组进行反复讨论、修改，电子科学与工程学院（示范性微电子学院）院徽正式与大家见面！

设计说明

理念

院徽整体简洁、厚重，采用圆形徽章，寓意学院团结、至善。

色彩

运用了深蓝、橘黄进行搭配，深蓝代表科技的深邃，知识的汪洋；橘黄代表着朝气与活力，在知识的海洋中不忘初心，砥砺前行。

主体

（1）院徽主体为“ESE”图案，“ESE”为电子科学与工程学院（School of Electronic Science and Engineering）的英文简称，易于识别。

（2）院徽logo轮廓为“EE”，代表学院电子科学与技术学科主体，易于国际识别与交流，反映学院立足国际，为创建世界一流学科而不断努力奋斗。

（3）院徽logo创造性地将“S”与前后两个“E”连结为一体。同时，“S”与下方的横线构成帆船造型，象征着电子人团结一致，在新时代的征程中扬帆起航，为祖国的电子行业培养更多的人才，取得更加丰硕的创新成果。

3 PART

》 我想对你说 | 院友祝福 《

2018 年 9 月 29 日下午三点，电子科学与工程学院“新电子·新征程”首届院友年会暨集成电路行业校友会发展论坛在沙河校区主楼 322 成功举行。在母校 62 周年校庆之际，各位校友也纷纷送上对母校、对电子学院以及师弟师妹们的祝福与期望。

文 | 金云颐
图 | 陈家豪

朱汪龙（1982 级）
无锡乐东微电子有限公司　总经理、执行董事
院友企业联合会华东片区理事长

对同学们来说还是要努力学习，虽然这个社会很复杂，但“知识就是力量”这句话永远是没错的，只有现在把基础打好，今后在工作中才能立于不败之地。现在一些看起来很平常、很基础的知识其实都很重要，在今后的工作中都会有用武之地，所以一定要重视基础。大学不是来享受安逸舒适的地方，是我们用来奋斗的地方！

母校现在变得越来越好，也算是声名在外了，我们这些铁杆校友也非常自豪，我也期望母校今后越来越好！

贾　勇（1989 级）
深圳明礼泽华投资管理有限公司　总经理
院友企业联合会西部片区理事长

感觉学校已经有了很多的变化，我们真心祝福我们的学校在经过院系调整之后能更上一个台阶，能真正成为国内甚至是国际上电子类最好的学校。我们现在的新学院是整个学校师资力量最强，学生人数、校友人数最多，实力最强的一个学院，在这个学院我们也是相当自豪的。我希望我们的学院能真正成为所属的一级学科里面的排头兵，办学能越来越好，也希望我们的学院能在可以预见的未来里对国家的硬科学的发展做出更多的贡献。

孙晓良（1998 级）

成都芯创电子科技有限公司　总经理

原本 60 周年校庆的时候是想回来的，但是正好赶上出差，就没来得及。这次 62 周年校庆，我非常开心能回来参加。60 年对个人来说很漫长，但对学校来说还只是一小步，最起码我们要做百年名校，也希望学校在电子信息快速发展的时代能做得更好一些。作为成电毕业的人，大部分人还是在电子信息领域工作，我们要做的就是做好自己的本职工作，务实一些，把成电的品牌做得更强更好，成电的品牌会给大家带来荣誉，每一个成电人也为成电带来一份光荣！

不管是对学校还是对学弟学妹们，我想说的都有很多，今年我有幸成为学院本科 2018 级企业导师，之后也有更多机会和同学们接触。对于同学们来说，你们面临的是一个很好的时代，但在毕业的时候你们也会面临更多的竞争和挑战。整个社会的发展越来越快，希望大家能充分利用好在校的时间，你们面临的诱惑太多，学校的时光对你们来说是非常宝贵又短暂的，所以希望大家珍惜这段时间，充实自己，提升自己。

张　强（1999 级）

中科招商投资管理集团股份有限公司　执行副总裁

院友企业联合会华北片区秘书长

希望母校越办越好，学校、学生、校友都能良性互动。学校发展得越来越好，我们校友在外面工作也会越来越有劲，同时，校友工作做得好，也可以反哺学校，这是一个相互促进的良性循环。

我原来是做过科研，现在从事投资工作，从研究到投资，视角也从原来的微观视野到现在的宏观视野。在我看来，目前行业的趋势，我们的硬科技、材料、器件、集成电路到微系统，我们的大机会来了。像今年比较典型的“中兴事件”可以看出，我们的硬件还是比较缺乏的，而且可能短期内还会是这个状况。希望我们的同学们能好好掌握专业知识，抓住这十几年的机会，在这个时代大显身手。

陈忠志（2000 级）

成都芯进电子科技有限公司　总经理

希望借这个机会能把我们的 A^+ 学科更加积极往上做一些发展，做到真正的名副其实。也希望学弟学妹们能认真学习，有这么多优秀的师兄师姐做榜样，相信大家都是 OK 的。学校培养我们，也给了我们很大的平台，希望学校发展越来越好，社会影响力也越来越强，衷心地祝福我们的母校。

叶　沛（2004 级）
摩尔精英网络科技有限公司　市场总监

我之前住在万人公寓那边，现在每次从那边走过来，我都会觉得非常亲切。这一次回来母校，希望可以把我们的经验带给学弟学妹们。我读书时比较迷茫，又觉得没有人可以教我，可能这些年也走了一些弯路。所以，现在我就希望能把一些经验传授给学弟学妹们，让大家少走弯路，只要选对了专业，只要你够努力，都会成功的。我也希望我们的学校、我们的学院都能发展得越来越好，做出越来越多的成就。

现在，我们的学科排名已经是第一了，也希望学院在这个高的平台上能继续前进。就这个行业来说，在国家层面上，我们的专业非常有热度，也是一个非常好的专业，希望大家毕业后能选对行。2008 年，我读书的时候正赶上金融危机，毕业出来就觉得工作和生活都好难。现在看到你们，就非常羡慕学弟学妹们生活在一个好的时代。对你们来说，首先还是要认真读书，少旷课、少打游戏、多做项目、多看看与互联网和人工智能这些新兴科技相关的书籍和读物。也许在你以后的经历里不会用到那么多，但可以拓宽你的思维，丰富你的阅历，指导你了解别人的行业是怎么样的，你自己的未来是怎么样的，帮助你把握自己的未来。

邓　伍（2010 级）
达州市投资促进局新材料产业分局副局长

无论选择什么性质的工作岗位，一定要在这份工作中获得归属感和乐趣。得益于在成电学习、掌握的专业知识和学习方法，我在达州市投资促进局工作期间，发挥出了自己的专业特长。成电人勤奋实干、敢于拼搏，尤其善于专研，随着母校“双一流”建设的发展，成电学子必然一届更胜一届。衷心希望学弟学妹们：一要善于学习。在掌握好专业知识的基础上，多阅读一些哲学、社科类的书籍，博观而约取，拓宽知识面，建立丰富、立体的知识体系。二要勤于实践。无论是专业知识转化为成果的实践，还是学校组织的各类社会活动的实践，都要积极参与，在实践中提升自己的思考能力与沟通能力。三要懂得兼容。在人与人的相处中，价值观的不兼容，是很多矛盾与问题的哲学根源，多站在别人的角度思考，多尝试去赞赏他人的价值观，可以有效拓宽自己价值观的兼容性。

TWO

chapter

……

乘风破浪

电子学院结构框架

电子学院 2018 年大事记

THREE

chapter

……

百舸争流

电子人的一天：工作中的老师最美丽

图片 | 文　译　李尚栋　贺真博　郝国郅
文案 | 凌荣勋　蒲小庆　金云颐
整理 | 李苏凡

心血育桃李，辛勤扶栋梁。

教师节之际，专栏“电子人的一天”聚焦教师群体。金秋送爽，伴着晨曦晓露，那群可爱的电子人，开始了他们一天的工作。

清晨 6：50

清水河校区操场

新生辅导员郝一桦、李忠阳开始陪伴2018级新生军训。

金风飒飒，银杏微黄。有你们陪伴的奋斗，每一天都沐浴金色阳光。

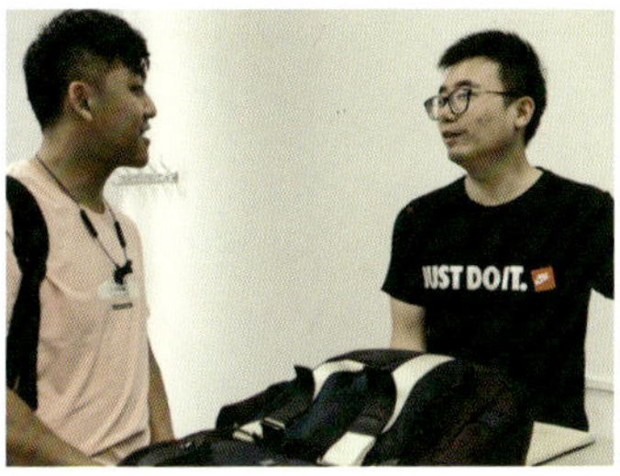

上午 8:10

品学楼

上课之前，彭析竹副教授在为同学们答疑解惑。

谆谆教导，循循善诱。每天早来的二十分钟，只为多解答几个同学的疑难杂惑。

上午 8:45

沙河校区 211 楼

王忆文教授查阅文献，开始了一天的科研。

窗外绿意盎然，室内孜孜不倦。学问的路，一走已是三十年，从未停歇。

上午 9:30

清水河校区电子楼

徐跃杭教授与学生交流实验中的问题。

仰之弥高，钻之弥坚。精雕细刻琢浑玉，千锤百炼锻璞金。

上午 9:40

沙河校区逸夫楼

魏彦玉教授聆听学生报告，指导学生科研工作。

思海沉沉，灯塔永驻，殷殷师语明航向；学野茫茫，北辰长明，切切师诲指乾坤。

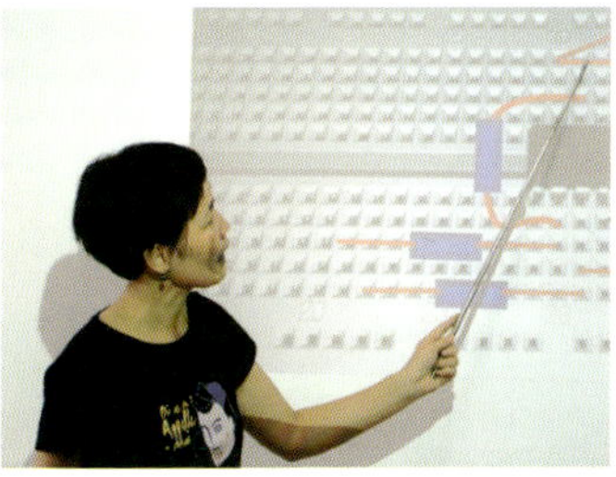

上午 10:00

清水河校区基础实验楼

崔红玲副教授，正在给学生上电路实验课。

耳提面命，授之以渔。老师教给我们的不仅是实验技巧，更是处事原则。

上午 10:20

银杏大道候车点

数电课后，彭析竹副教授候车返回沙河实验室。

默默奉献，不辞辛苦。两个校区路途上的奔波，全都化作准确传递知识的动力。

上午 11:00

清水河电子学院办公室

学院办公室刘桥老师为教师解答疑问。

兢兢业业，克己奉公。老师和学校之间搭建的桥梁，是为了更好地给学生铺出一条通往未来的成功之路。

上午 11:00

清水河校区科研楼

杨鹏副教授在实验室指导学生做实验。

甘霖滋养幼芽，老干扶持新枝。将毕生所学，倾授于每一位学子。

中午 12:30

清水河校区食堂

杨鹏副教授与学生共进午餐。

良师挚友，关怀备至。初识，传道授业解惑也；后知，人生百味皆可谈。

下午 14:00

沙河校区 211 大楼

黄乐天副教授指导学生开展每周组会。

倾心善教，悉心指导，每一次的科研探索，都有您的掌舵引航。

下午 15:00

沙河校区 211 大楼

黄乐天副教授与学生就研究课题展开讨论。

唇舌鏖战，畅所欲言，每一个科研成果的背后，都藏着无数次的思想碰撞。

下午 16:00

沙河校区 211 大楼

刘继芝副教授在办公室为同学答疑。

尽心竭力，火传穷薪。答疑解惑从无地点限制，传道授业更无时间区分。

下午 16:20

沙河校区电子楼

教务科谢实梦老师为学生解答疑问。

春风化雨，润物无声。轻轻一个微笑，饶是难如百炼钢，也都化作绕指柔。

下午 17:00

沙河校区实验室

龚天巡老师为研究生新生讲解实验。

追求卓越，精益求精。以兴趣浇灌梦想，用匠心守护初心。

下午 17:30

沙河校区主楼教室

李泽宏教授为学生讲解半导体物理课程。

十年树木，百年树人。三尺讲台存日月，一支粉笔写春秋。

下午 18:00

沙河校区二教

课程结束后，刘诺教授利用课余时间为同学答疑。

为人师表，以身作则。只要学生有疑问，任何时候都是上课时间。

有人的地方就是教室，有问题的地方便是讲台。新时代、新征程、新学期，那群最可爱的电子人黾勉苦辛、朝乾夕惕，传承经验、厚馈智慧，启航电子学院新的征途。

祝所有老师教师节快乐，电子学院，有你们更美。

聂在平：
五十载初心不改 做学术的传承者和拓荒者

来源 | 校新闻中心

只要不出差，聂在平每天都会去实验室。这是他几十年来雷打不动的作息规律。这位71岁的老教授，就是我校“电磁辐射与散射团队”的创始人。虽年逾古稀，但他仍以实验室为阵地，对学术研究矢志不移。

2018年3月，以他本人为第一作者和通信作者的两篇学术论文分别在IEEE Trans. 天线与传播会刊及地球物理与遥感会刊上发表，并获得会刊编辑部和审稿人的高度评价。这两篇论文，提出了复杂非均匀有耗介质中无线功率传输和无线信号接力传输的新方法，给出了模型非依赖的技术解决方案。这些实用性极强的理论创新，也已申请发明专利。

聂在平教授获2018应用计算电磁学（中国）技术卓越奖

“这么多年来，我的有些同学都改行了，甚至彻底放弃了学术研究。我坚持下来了，而且非常高兴迄今还能保持学术兴趣、学术思维和活跃的科研活动。”他说：“士兵为祖国守国门，我们就是为国家坚守和发展自己的学科，让这支学科队伍在解决国家经济发展中的重大科学技术问题的攻关中，能打硬仗、打胜仗，不尚空谈，不辱使命。”

传承成电精神：
为国家
坚守一个学科方向

1963 年聂在平考入现电子科技大学雷达专业本科，1978 年又考入本校电磁场与微波技术专业，成为“文化大革命”后第一批入学的研究生，在我国电波与天线学科的先行者谢处方教授的指导下，从事电磁场的辐射、传播和散射研究。中国微波之父林为干院士也是他的老师。在多年的学习与研究中，聂在平逐步理解了电磁场理论与工程，也从老一辈科学家身上传承了为了国家的发展坚守学科方向和开拓学科领域的学术精神。

1987 年，41 岁的聂在平出国留学，在美国伊利诺伊大学厄尔巴纳-香槟分校跟随国际著名的计算电磁学教授周永祖研究深造。1989 年 10 月，他谢绝导师的多次挽留，放弃了可轻松到手的美国绿卡，选择回到祖国，回到成电，继续当一名每个月只有几十块钱工资的普通教师。

满怀着科技报国的理想，聂在平组建了“电磁辐射与散射团队”，苦苦寻觅着机会，希望把电磁辐射与散射这一学科方向做大、做强，并将其先进技术投入各个工程领域，为中国工业的发展作出自己的贡献。

聂在平说：“刚从国外回来，如何开展工作，一时找不到头绪。正好听说中海油服需要做电测井技术研究，我立即跑到北京去争取。第一个合同仅 5 万元，买一台 386 电脑就花去 27000 元，课题组内有老师嫌课题经费太少，但我觉得，第一次合作，素未谋面人家就愿意给你 5 万元，这是中海油服给我们投了宝贵的信任票。还有老师开玩笑说，电磁波都是上天的，怎么你把它‘入地’了？我说，既然现在一时‘上天无路’，但我至少还‘入地有门’呀，可以聊以自慰吧！”

把电磁学的研究方向从“上天”转到“入地”，对于电磁专业的学者来说，是需要极大的勇气和坚忍不拔的奋斗精神的。为了拓宽学术深度和应用广度，真正解决工业界面临的问题，聂在平开始了脚踏实地的学术耕耘。

“当年，5 万元钱就接一个课题，而且是这么复杂的课题，的确经费不太多。但我觉得这是一种信任，对吧？就冲这份信任，我们也要给人家做好；同时，这是我们课题组自愿接的第一个横向课题，就冲着这个承诺，我们也要为自己做好。”聂在平说。

“测井响应的数值模拟为什么重要？如果模型不准，或者计算不准，测井解释和储层判断就不正确。没找到油，这口井就报废了，尤其在沙漠里，损失的资金可能会高达几千万元。这个课题，我们做得比较成功，解决了中海油服长期解决不了的问题，让企业很满意。通过这一研究课题，中海油服对我们的工作态度和研究实力有了较深的印象。我觉得，这也是我们作为一流工科学科教师应该做而且必须做好的事。”

同时期，聂在平和 Q. H. Liu 教授合作翻译了海外导师周永祖所著《非均匀介质中的场与波》一书，在理论研究方面不断探索拓展，逐步涉足电磁散射与目标特性等研究方向，并在国内首次开设了相应的博士生课程，培养了一届又一届的博士；他深入工业界，从扎扎实实做好每一个项目开始，了解技术挑战背后的理论问题，一步一步地让电磁波真正能够“上天有路，入地有门”。

服务国家战略：助力石油行业走向世界

石油属国家战略行业。由于中国特殊的地质构造，大型整装油田很少，资源分布零散，地质环境复杂。中国石油勘探行业亟待发展信息技术，提升勘探的成效。而在19世纪，西方石油公司先进的石油测井设备，一直对中国实施技术封锁和禁运。即便卖点设备给中国，也不许用这些设备参与国际油田技术服务的竞争。我国石油公司则处处受制，如鲠在喉。

在前期扎实的研究工作基础上，2007年团队与中海油服的合作迎来新阶段，双方合作共建的“电法测井联合实验室”正式揭牌。来自中海油服的课题一个接一个，不仅有理论模拟、软件研发，而且还急需测井仪器的系统研发。虽然在电磁探测的理论方面有了充足的理论积累，聂在平课题组能独立开发出具有中国自主知识产权的测井仪器吗？机遇和挑战都摆在面前。

2009年，课题组承担了一项极富挑战性的研发项目：三维感应测井仪原理样机关键技术研究。这不仅是理论论证、软件研发、数据处理，而且系统设计、线圈系设计、电路研制、整机统调、数据解释等都要全部承担下来。该项目是阵列测井和矢量电磁测井技术的结合，而仅仅阵列测井仪，国外一流的公司就做了七、八年。当时团队还没有阵列测井仪的研发经验。课题组的青年教师孙向阳、管国云承担了主要的研究任务。经过两年的奋战，2011年年底，几米长的三维感应测井仪样机装车交付中海油服，并顺利通过了和地面仪器的挂接与联调、井下测试、测井数据采集和处理。

聂在平说：“关键技术能不能拿得下来？有人说我们只会做理论，搞计算，不会做硬件，更不会做系统；有人甚至想看我们笑话。但是，我们坚定地接了下来。不仅如此，我们还主动提出要和中海油服地面仪器，即Ailis系统挂接，以便能在实际测井作业中方便地评估样机性能。实际上，集成了所有软、硬件的整机系统我们一年多就做出来了，并且通过了多项试验，两年如期交付。当时，中海油服的领导说，‘他们觉得很震撼，完全超出了他们的预估’。这是第一次用我们的方法、我们的设计、我们研制的硬件和软件做成的功能系统。其中，三分量多线圈系的一体化设计及其直耦深度对消、电路串扰的抑制、高温电路的稳定性设计等，形成了自主知识产权和极具竞争力的核心技术。”

据统计，自2007年联合实验室成立这十年以来，共完成中海油服项目32个，资助一批又一批的青年学子在电法测井测量方法、测井仪器、系统、电路和模块的研究、设计和开发，声学测井仪器和电路，电缆测井高速数据传输关键技术和高速遥传系统等方面取得了一系列原创性重要成果。

聂在平不仅带领自己的团队攻坚克难，还先后介绍电子科技大学自动化工程学院师奕兵团队和原电子工程学院陈伟团队一起加入进来，分工协作，形成了更加全面、强大的科研力量。师奕兵教授在仪器与测量方面造诣极深，而陈伟等青年教师在测井信息宽带传输等方面具备极富竞争力的研究成果。有了多年的研究基础，他们都一起加入了联合实验室。

聂在平还敢于提携年轻人才，让年轻人在关键岗位经受锻炼、发挥潜能。青年教师孙向阳和管国云，都是刚刚博士毕业和硕士毕业，就开始独当一面，并在中海油服的项目中不断攻克关键技术难题、屡建战功。管国云说：“我当时刚留校不久，聂老师就很信任地派我去中海油服解决问题。刚去的时候，公司对我们做硬件的能力还半信半疑，但我们很快就弄清了系统架构，给出了解决问题的思路，提出了设计方案。后来，按照我们的设计做成仪器，取得了良好效果。”

陈伟说：“在我们籍籍无名的时候，聂老师把我们推荐给中海油服；在遇到瓶颈的时候，聂老师打来电话，听取我们的汇报，鼓励我们一定要全力以赴，不要砸了电子科技大学的招牌。现在，中海油服信息传输这方面的项目我们都能拿下来。”

坚持初心梦想：
在新时期新起点
继续风雨兼程

2017年11月2日，电子科技大学一中海油服电法测井联合实验室签订了第三期五年合作协议。未来5年，公司将给联合实验室投入数千万元的课题经费，努力赶超发达国家的科研水平，做前人没有做过的事情。

中海油服技术总监、CIO吴超对双方的合作给予了高度评价。他说，“十年前与电子科大签约共建联合实验室，是公司提升科技创新能力的一座里程碑，为公司探索校企合作模式积累了宝贵经验。双方精诚合作，取得了一系列令人自豪和骄傲的科技成果。目前，公司坚持国际化发展战略，大步迈向世界舞台，希望双方进一步总结合作经验、加强科技攻关，为中国石油行业的发展贡献更大力量。”

据了解，联合实验室解决了测井数据实时传输、电法测井、感应测井、声学测井大量技术难题。在此基础上，中海油服累计生产仪器200支以上，价值2.5亿元；联合实验室还为中海油服培养输送技术骨干11名；联合成功申报科技部国家深海专项和国家自然科学基金仪器项目。中海油服原党委书记董伟良表示，对于公司来说，未来要在世界舞台上发挥更大的作用，只有进一步深化合作、加强研究，如此才能在激烈的国际竞争中有底气、有硬气、有话语权。

聂在平教授及其团队在电磁场学科领域的数十年坚守，为学科发展注入了可持续发展的力量，强力支撑了我校电子科学与技术学科的发展；联合实验室的十年奋进，也强力支撑了中海油服的技术进步，树立了校企合作典范。他说，“把学术研究真正服务于工业技术的进步，解决国家战略发展道路上的拦路虎，这是工科教师的价值观，是我们一流工科学校责无旁贷的事情。”

在20多年的发展中，由聂在平教授创建的“电磁辐射与散射团队”坚持在电磁学前沿领域不懈地开展基础和应用基础研究，在“计算电磁学”“非均匀介质中的场与波及工程应用”“宽带电磁辐射”“新型天线技术”和“矢量电磁散射与目标特性”等方面进行了创新研究，攻克了一道又一道的难关，并取得了多项成果。团队逐渐培养、吸引建立了实力较强的科研团队，培养出一代又一代的杰出青年学者：杨仕文教授和胡俊教授均先后获得国家自然科学基金杰出青年基金项目，入选教育部长江学者特聘教授，成长为团队的领头人；赵志钦教授、孙胜教授、屈世伟教授、潘锦教授等一大批中青年学者围绕国家重大需求和学科重要研究方向合作开展创新研究，逐步形成了在国际学科前沿占有一席之地的活跃的研究群体。团队所研发的很多核心关键技术分别在不同方向上服务于我国重点型号项目，为我国重大装备研发做出了重要贡献。2017年度，由胡俊教授牵头的“电磁辐射与散射基础理论及关键技术”创新研究群体项目获得国家自然科学基金立项批准，在我校电磁场学科发展的历史上树立了极为重要的里程碑。

为国家发展的需要坚守学科方向，为解决国家的急需不懈开拓进取；所有的努力都让学科焕发出青春活力，各个工业领域的应用成果都充实、丰富学科的内涵，并赋予它新的生命力。——这就是聂在平教授和他的学生们不改的初心。聂在平说：“一个学科有多个重要方向。一般来说，综合性大学的师资力量很难覆盖每一个学科的所有重要方向，这是可以理解的。但是，我们这种类型的学校，每个国家重点学科都具有强大的师资力量，就应为国家的学术与技术发展，坚守住各个重要的学科方向。不论它现在是炙手可热，还是门可罗雀，也不因世态炎凉，众说纷纭，只要国家有需要，我们就会不懈坚守、不断开拓。”

这位抢占科技新高地的巾帼奇兵，入选 2018 年度“国家杰青”

文 | 杨丽可
部分图文由电子学院提供

日前从国家自然科学基金委员会获悉，我校电子科学与工程学院林媛教授成功获得 2018 年度国家杰出青年科学基金资助。

人物名片

林媛教授长期从事无机薄膜和传感器研究，在可延展柔性无机薄膜传感器的“薄膜化—应变调控—刚柔集成”等方面取得了一系列创新性成果，成功研制了系列可延展柔性无机薄膜传感器。2007 年入选长江学者特聘教授，2014 年入选中青年科技创新领军人才，2016 年入选国家万人计划科技创新领军人才，2016 年荣获“全国三八红旗手”荣誉称号，2018 年荣获全国归侨侨眷先进个人称号。

人物故事

林媛：抢占科技新高地的巾帼奇兵

笑起来眼睛弯成好看的月牙……林媛不像人们传统印象中的科学家。在可延展柔性无机薄膜器件这一出现不到 15 年的新领域中，她以服务人类健康为目的，推动力学、材料学、微电子学等多学科交叉融合，研制出“智能绷带”等系列可延展无机薄膜传感器，靠前站上国际科技新高地。

“智能绷带”及系列可延展传感器惊艳业界

“硬邦邦的电路板可以变得比绷带更柔更轻？”林媛领导的团队刚与美国加州大学合作研制出一种轻薄、柔软的电路板。这种被称为“智能绷带”的新发明可以贴在皮肤上监测多种生理信号。英国《自然—电子学》杂志上的封面文章介绍了这项成果。

在林媛看来，电路板“软化”对于医学、脑科学、人类健康产业都具有很重要的意义。“比如现在 24 小时心电监测都绑一个很硬的盒子在胸口，换成柔软轻薄的电路板，就不会很影响人们生活了。”这样一块若有若无、轻柔纤巧的“板子”还能用于多种疾病的监测，悄无声息地获得人体生理参数，用于治疗；还可制作成更柔软、薄若无物的“腕表”，成为人们健身时的好伴侣。

在研发这种薄膜器件的过程中，最大的问题就是如何实现延展性。林媛带领的团队充分利用了力学、

低功耗微电子与微系统学科创新引智基地获批立项

教育部、国家外国专家局联合发布关于2018年度新建高等学校学科创新引智基地（又称“111计划”）立项的通知。由电子科学与工程学院李强教授牵头申报的“低功耗微电子与微系统学科创新引智基地”获得批准立项。至此，我校国家级学科创新引智基地增至7个，总数位居全国高校前列。

“低功耗微电子与微系统学科创新引智基地”依托电子薄膜与集成器件国家重点实验室、国家示范性微电子学院建设，围绕后摩尔时代微电子的核心问题，即低功耗问题，开展低功耗微电子材料及器件工艺、低功耗集成电路设计、低功耗微系统集成等方向的研究，通过有计划、成体系地引进高水平国外学术团队，开展更加紧密更加深入的合作，推动我国低功耗集成电路及微系统研究进入国际前沿，催生本领域高水平原创成果的出现，为国家微电子学科及我校“双一流”建设提供强有力的支撑。

诺贝尔物理奖获得者安德烈·海姆教授受聘我校荣誉教授

低功耗集成电路与系统研究所团队合影

IEEE Fellow、IEEE 电路与系统学会主席 Franco Maloberti 教授来校访问

“低功耗微电子与微系统学科创新引智基地”海外学术团队由诺贝尔物理学奖获得者安德烈·海姆教授领衔，海外学术大师还包括意大利帕维亚大学 Franco Maloberti 教授、德国乌尔姆大学 Maurits Ortmanns 教授等著名学者。中外双方研究队伍活跃在微电子与微系统研究领域前沿，建立了长期的合作关系，通过共同创办学术期刊、举办学术会议、指导青年教师和研究生等多种形式开展合作，研究成果在 JSSC、TED、ISSCC 等高水平学术期刊或学术会议上发表。

相关链接

“111 计划”是由教育部与国家外国专家局联合组织实施的旨在推动高水平研究型大学建设的高层次人才引进计划。其总体目标是瞄准国际学科发展前沿，结合高等学校具有国际前沿水平或国家重点发展的学科领域，从世界排名前 100 位的大学或研究机构的优势学科队伍中，引进汇聚 1000 余名海外学术大师、学术骨干，配备一批国内优秀的科研骨干，形成高水平的研究队伍，建设 100 个左右世界一流的学科创新引智基地。通过引进海外高层次人才与国内人才的密切合作，进一步促进学科发展与人才培养，创造具有国际影响的科技成果，全面提高学校的整体水平和国际地位。

目前，学院有 4 个高等学校学科创新引智基地，占全校 57%。

罗勇：要做有价值有意义的事

文 | 凌荣勋
图 | 刘晨曦

——电子学院罗勇教授专访

新时代，新征程。电子科学与工程学院蓬勃发展、万象更新，正以全新的面貌迎向新的挑战。于此之际，罗勇教授接受了记者专访，畅谈他的科研感悟、育人理念以及对学校、学院发展的思考与愿景。

罗勇，国务院特殊津贴专家，全国"五一"劳动奖章获得者，国家高技术科研先进个人，国家科技奖励专家库专家，军队后勤科技装备评价专家，四川省学术和技术带头人。

记者

罗勇教授，您在大功率毫米波器件领域深耕近二十年，获国家科技奖励二等奖、前沿科技创新奖一等奖、国防科技进步二等奖等众多奖项，对您来说最令您满意的一项成果是什么？

罗勇教授

谈不上最满意或是不满意，我认为人的一生，在面对选择时应该将人生抉择分成几个层面来看。第一，人的精力是有限的，要做有价值、有意义的事。第二，要做自己擅长的事。结合自己的特色和优势，选一个有意义的事业，然后认认真真做下去。我认为，不管在哪个专业方向上，都可以做出令自己满意的成果。

我在进入大功率毫米波领域以前，从事的是光学激光存储的研究，在当时也取得了非常好的成果。后来，进入大功率毫米波器件领域，一是因为它和光学都属于电磁领域，有一定相似性；二是刘盛纲院士是这个领域的开拓者，我们学校可以说是这个领域的发源地。我们在前辈的研究基础上不断推进工作，特别是这几年在青年教师的努力下，我们做出了许多新的成果，其中很多都达到了国际领先的水平。

我认为，无论是谁，只要选定自己的目标，认真做下去，都能取得不错的成就，这是一件顺其自然、水到渠成的事。所以，对我来说，实际上没觉得哪一项成果是特别满意的，或者说是最有价值的。如果真要说的话，我认为目前我们正在推进的系统级研究就是最值得去做的事。我们从原来的基础研究到材料、器件，现在逐渐过渡到系统层面研究。系统是一个统观全局的层面，做系统级的研究，对于我们学校是一个特别重要的突破。只有用系统的眼光去看待行业、专业的发展，我们的目标才能更清楚，我们的工作才会同国家的需求结合得更紧密。

记者

从您1988年毕业至今，恰好进行了三十年的科学研究，如今作为大功率毫米波技术领域的国际“领头羊”，能请您谈谈您选择科研、坚持科研的动力是什么吗？

罗勇教授

我走上科研的道路，应该说是与时代因素有关。在我小的时候，高考一度是被推荐制度代替的，推荐制度更多的不是注重你的才华，而是看重你的出身和政治背景。一个人如果政治背景比较好，工作也认真努力，的确应该得到社会的重视和支持；但是，每个人的特长毕竟不同，学术研究还是由具备科学思维方式的人去做更适合。所以，改革开放过后，邓小平放开了高考，也正是得益于高考和改革开放，我才有机会慢慢走上了学术道路。

在这之前，还有一个小故事可以分享。在我小的时候，家里农活比较多。所以，我在上小学的时候，心思基本没放在学习上，成绩一直是倒数的。但是，在我小学快毕业的时候，一次数学考试上有一道附加题，答对加分，答错不扣分。前面的题我没仔细去做，但是对这道题非常感兴趣，也认真做了。最终的结果是，当时我们班上的所有同学里面，只有我一个人做了出来。通过这件事，我对自己有了自信，觉得自己是能行的。因此，上了初中以后，我热衷于去找一些有难度的题目攻关，也慢慢养成了这样一个习惯：无论是学习还是工作，遇到困难我从来不会屈服，一定要把它攻克掉。

在我们科研的过程中，经常会遇到很多问题，我认为，不管从事什么行业，首先，要有干出一番事业的理想抱负。要有这种“我既然来到这个世界，就一定要给这个世界留下些什么”的想法。有了这样的想法，行动力就会被调动起来。其次，是要脚踏实地。有理想、有抱负代表看得远；脚踏实地意味着踏实努力。能够客观评估自己的各方面条件，取长补短、发扬长处，认认真真去做好自己的事。这样的话，我相信就能把工作做好。

记者

您也提到了科研中会遇到很多困难，那么您是如何看待它们，克服它们的？

罗勇教授

我认为，应该把遇到的每一个困难都当成挑战和学习的机会。当我们迎着困难去解决这些问题的时候，对我们来说，收获是巨大的。除此之外，克服这个问题后获得的自信心和成就感也是巨大的。这是一个通过运用自己的知识，不断克服前人未解的谜题，来实现自我价值的过程。

举一个简单的例子：一个器件要能有效工作，首先要求它具有良好的稳定性。国外的研究之所以还有非常多的问题，就是因为他们没有解决稳定性的问题。器件稳定性牵扯的因素很多，在研究常规电真空器件时，我们一般把它当成理想模型。虽然电真空器件内部是高真空的，但并非完全没有气体分子。在电子的运动过程中，难免会和气体分子进行碰撞，产生等离子体。等离子体会影响器件的工作状态，这个现象是普遍存在的。想要提高器件的稳定性，必须要对这一现象进行深入的分析和研究，这进一步涉及很多基础性的科学问题。所以说，科学性的研究工作，不只是坐在办公室里面，根据理想模型进行推演。在研究过程中，要结合真实的、复杂的外部边界条件，把尽可能多的影响因素纳入考虑范围。只有这样，才是做结合实际且真正有价值的科研，也正是因为我们在面对这些问题时选择迎难而上，才能在这个领域越走越远。

记者

您认为学生应该具备哪些品质才能更好地开展科研？能不能请您分享一下您培养学生的理念？

罗勇教授

对学生来说，我认为有几个方面值得关注。第一，要有家国情怀，要有一种为国家、为社会奉献的理念。在市场经济下，很多学生可能更关注一些外在的诱惑，这对科学研究是不太有利的。我希望他们能够尽可能淡泊名利，潜心下来进行科学研究。古语有云：“十年磨一剑”，等到他们“修炼”到位之后，才能深刻体会到科学的魅力。第二，对待科学研究，我认为有几个方面的基本素养。首先是自学能力。无论是从书本还是从老师，能学到的东西必然是有限的。科研是要解决别人没解决的问题，走别人没走过的路，需要我们有很强的自我驱动、规划、学习能力，因此，自学能力非常关键。其次，在自学能力的基础上，还要有较好的物理思考能力。在进行科学研究的过程中，如果能将自身转化为物理现象中的一份子，切实感受研究场景的物理变化，是非常有帮助的。举一个简单例子，大家都知道爱因斯坦的相对论，但是在日常生活中，他是接触不到光速物体的。他的科学实验在头脑中展开，把他自身转化为物理规律的一部分，去进行思维上的探索。如果学生在扎实的数理基础上，具备这样的物理体验精神，他就会有源源不断的创新思维，能够有更多机会接触物理真相。

在培养学生层面，我认为德智和团队精神这两个层面的培养都应有所兼顾。一个人的精力总是有限，要做出一番事业，并且把这个事业做得更出色，就需要与更多人协同作战。除此以外，我要求他们能够从头至尾，去体验科研的全过程。从刚开始拿到题目的文献资料学习、国际前沿动态追踪，到后来的方案制订、理论分析、编程实现，体验课题研究的全部流程。对科学研究形成一个比较全面的认识和了解。这样的话，将来无论是从事什么研究，他们都能够游刃有余。

记者

这些年，学校的发展日新月异，取得了越来越好的成绩。在您眼中，成电发生了哪些变化，您对学校的发展有什么建议呢？

罗勇教授

总的来说的话，我们学校的每一届领导都给学校带来了不同面貌。刘盛纲校长塑造了一个学术的高地；邹寿彬校长在管理层面给学校带来了新的面貌；汪劲松校长为学校做了很多贡献；李言荣校长是以一个学者的身份去做管理，给学校带来了许多改变。现在的曾勇校长，也同样会给学校带来新的气象。基于这些变化，我们学校得以顺利进入了“985”“双一流”行列，电子科学与技术一级学科也排在了全国第一。

但从另外一个角度来说，我认为我们学校的发展总体来说还是偏慢的。第一，这些年来，虽然学校的整体师资力量在不断加强，也吸引了很多优秀的年轻力量，但是大师级的人物还是太少。第二，从学校科研的整体状况看来，大多数科研集中在某个领域的小点上，缺乏全面、系统的观念。第三，教学这方面比较多的还是传统的教学方法，虽然我们学校毕业生的动手能力都很不错，但是缺乏高水平的科研人员。所以，从我们学校走出来的人里面优秀的不少，但是走到更高层面，甚至于在社会上形成强大影响力的人也是偏少的。

虽然我们学校面临很多挑战，但是发展的趋势是越来越好的。基于成电在行业内的优势，只要我们能把握好方向，不断去解决这些困难，就能走到更前面去，建成像麻省理工这样的学校，这应该是我们学校更高的追求。

记者

今年是电子学院成立的第一年，您对我们的学生、新学院的发展有什么愿景？

罗勇教授

我希望我们的学生能够有更远大的理想、更大的作为。就像我们的校训一样，我们的学生在求实求真这一块已经做得不错了，但是在大气大为这一方面还需要加强。不要只关心一些小的得失，要善于把自己的智慧融入到大的事业上去，为大的使命贡献自己的力量。

新学院它本身是按照电子科学与技术这个学科结合在一起的，我希望我们学校和学院的教学、科研等各个方面，都能够承接上电子科学技术全国排名第一的现状，继续引领国家电子科学技术的发展，逐渐走向世界。

陈益凯：科研是我最大的兴趣

文 | 毛佩瑶
图 | 刘　雷（部分照片来自于陈益凯本人）

——电子学院国家特聘青年专家陈益凯教授专访

在中国科学界，有这样一批兼怀科研之志与爱国之心的青年科研工作者，他们各自在不同的领域探索、求真。电子科技大学电子科学与工程学院的陈益凯教授就是这样的一位走在天线理论与技术研究前沿的青年学者。

陈益凯，国家特聘青年专家、全国百篇优秀博士学位论文获得者、IEEE 高级会员、微波工程系第一党支部书记。在电子学院成立伊始，陈益凯教授接受了学院记者的专访邀请，畅谈了他关于学术科研、学生培养以及学校发展方面的感想。

特征模式 天线理论研究的另一道窗

“天线在通信和雷达系统中占有不可或缺的重要地位，在国防与民用通信领域发挥着重要作用。对于无线通信来说，天线就像我们的耳朵，在一个通信系统里，天线是一个必不可少的电磁信号收发窗口。所以，我们很有必要对天线开展深入研究，获得更高的通信质量与雷达成像质量。”天线技术及其电磁理论分析方法是陈益凯的主要研究方向，谈到研究内容，陈益凯津津有味地这样介绍道。

波导包括 T01 模、T11 模和 TM 模等多种模式。模式分析法是研究波导的一种常见分析方法。但是，每种模式都有它对应的截止频率，并不是任意频率电磁波都能在波导中传播。一个波导存在一个客观的场，通过数学运算，可以把它分解成一系列正交模式的叠加。于是，利用波导模式可以分析电磁问题中场在封闭空间的展开情况，那么在开放的自由空间，场是如何展开的？天线往外辐射时，场又是如何展开分布的？这是特征模理论的主要研究内容，也是陈益凯在一段时间内的重要研究方向。

虽然特征模理论在 20 世纪 60 年代就有人提出来，但是研究的人非常少。陈益凯谈到“在电磁领域，

王钊：把时间花在有意义的事情上

文丨赵一尚
图丨周　恺

——专访国家特聘青年专家王钊

王钊教授于2006年和2008年分别在西安交通大学获得工学学士和硕士学位，2013年获得美国凯斯西储大学生物医学工程专业博士学位，2013—2017年在美国麻省理工学院电子工程实验室从事博士后研究，2018年入选国家特聘青年专家，2018年7月任电子科技大学电子科学与工程学院物理电子系教授，博士生导师。

王钊教授的主要研究方向为医学影像、光学仪器、人工智能、医学图像处理、智能医疗器械等，现已出版英文学术专著和章节2部，发表SCI论文近30篇，国际会议论文或报告30余次，申请并获授权国际专利2项，担任10多个国际知名期刊的审稿人，论文被引700余次，H因子为18。

成电之缘

记者

王钊教授，您之前在西安交通大学就读，您觉得西安和成都比较的话有没有什么不同？对于成都和成电，您有什么样的感觉呢？是什么原因让您想要回国的呢？和成电结缘的起因是什么呢？

王钊教授

我是山西太原人，第一次来成电是通过2015年我们学校主办的青年论坛，当时对成电印象不错，大概也是后来选择成电的原因之一。本科我是就读于西安交通大学，和西安相比，我觉得成都经济更发达一些，经济更富有活力，生活在这座城市的人的想法也相对开放一些，环境更公平，成都是有名的天府之国，目前来看，成都最大的优势在于它是二线城市里面比较靠前的，无论是经济、交通、发展机遇还是社会福利都具有很强的吸引力，同时生活压力没那么大，给了很多刚就业的年轻人在这座城市生活下去的信心。

至于选择成电，其实不仅仅出于学术优势，还包括地理优势。相比较很多一线城市来说，成都生活成本更合理一些，在这方面来说生活压力比较低，没那么离谱，但是相对很多内陆城市来说还是更为发达，所以能更专心投入科研，而且我们学校对青年人才也比较重视，可能未来的发展更好一些。

回国的主要原因就是想在人生当中体验一些不一样的东西，因为国外各方面相对来说已经比较成熟，而成熟所蕴含的另一层意思就是一成不变，就是你能看到你未来二十年的生活状况，每天都会过得差不多。另外，国外的社会结构非常稳定，包括做事的方式、社会的变化都非常小，缺乏新鲜感。尽管国外是比较发达，但是缺少很多生活的激情。而且我们国家过去十年处于一个非常快速的发展时期，所以还是考虑回国。在这样的环境中更能保持积极向上的生活态度，寻求更多的生活乐趣。

求学之路

记者

王钊教授能和我们谈一谈您的求学之路吗？在您的求学之路上，您觉得哪个时期是最关键的呢？

王钊教授

其实，和大家一样，我也是从一名普通的本科大学生开始，当时和大家一样简历上会写到的内容都是大同小异，我当时是本硕连读的一个项目，硕士毕业后出国。其实，并没有什么特别的地方，当时那个时期有一阵出国热，所以，成绩只要不错，大部分学生都会把出国当作一个优先的选择。

最关键的时期当然是博士阶段，原因有很多，首先是第一次走出国门，独自一人面对一个全新的环境，所以，从文化上来说个人会受到很多影响，需要接受很多新鲜的东西，需要学习很多之前从未接触到的东西。其次，就是接触到了一个和国内不一样的教育环境和教育模式。当然，现在国内教育已经取得了很大的发展，但是在 2008 年，还是感觉国内的学校在学生培养方面，比如科研或者高级人才的培养方面，与国外的高校相比还是有很大差距的。国内大多是以应试教育为主，而国外则是比较鼓励学生去做创新性研究。

科研之志

记者

我们了解到您所研究的方向涉及的学科门类很多，比如医学、电子学、机械等等，单拿出来哪一科都是比较困难的，综合起来的话您是怎么去研究的呢？科研路上总是充满曲折，面对困难的时候，您是什么样的心态呢？又是怎么解决困难的？

王钊教授

其实，科研本身的过程就是发现问题和解决问题的过程，如果你说没有什么大的困难，那这个课题可能已经被解决好了，已经没有研究下去的意义了。但是，现实的情况是科研每天都会遇到各种各样的问题，有时候很多大问题可以细化成很多小问题，而且可能有些问题一开始很复杂，但是之后通过做一些探索或者是一些看似浪费时间的无用功，就有可能突然灵感一来就想到了解决的办法，这可能也是科研的魅力所在吧。

至于说我现在的研究方向，可以说属于生物医学工程或电子工程这个门类，学科本身交叉性非常强，难度系数比较大，属于国际一流大学学科交叉融合的发展趋势，主要原因在于如果是单一的研究方向，很有可能随着技术的发展遇到瓶颈，或者已经完全成熟。美国那边实际上非常注重医工结合，美国科学研究最大的资金来源其实并不像国内的自然科学基金，而是 NIH（美国国立卫生研究院），是和医学紧密相关的。实际上，当社会结构越来越健全的时候，人们所关注的问题就越偏向于人的健康或疾病等方面。举个例子来说，现在我们用的苹果手机、华为手机，已经基本满足人类的日常需求了，电子产品的进一步更新换代对人类本身的意义可能无法像过去几年一样具有颠覆性。随着我国老龄化进程的加快，有关人类健康方面的问题就越来越重要。我研究的这个专业也是基于这样一个大的背景，将一些工程技术手段，包括电工电子、软件、光学等技术应用到生物医学方面。

说到医工结合，我们所研究的问题其实主要来自于临床一线。平时，我们需要和比较好的医生去合作，因为他们更清楚临床的需求，这样就会形成一些课题和项目。这种合作机制有很多，像我们学校合作的肿瘤医院和学校的医学院等等。通过这种交流合作的机制，可以帮助解决一些临床上的问题，但是，这只是他们身边各种各样问题中很小的一部分，临床尚未解决的实际问题还有很多很多，所以，这个领域特别需要人才和资金的投入。未来医学的进步也需要靠医生和工程师的共同努力才能实现。

记者

您的研究方向属于前沿科学研究，目前就您到校以后的了解来看，我们国内在相关的研究方向和世界前沿水平相比，我们有哪些优势和劣势呢，主要体现在哪些方面呢？

王钊教授

目前来看，我们这个专业国内的优势在于大环境比较好，国家会鼎力支持，研究经费比较充足，相关的商业和市场极其活跃；从成电学生的角度来说，学校培养的学生质量都是很高的，数理基础很好，可以媲美美国前五十，甚至是顶尖的名校，而且我们国内发展的速度很快，在很多领域已经对西方形成赶超之势。

劣势主要是国外已经提前发展了很多年，积累了很多经验，而且作为发达国家，可以吸引很多其他国家最优秀的人汇集在一起，而我们毕竟不是一个移民国家，只能靠我们自己，所以，从这个层面上来说还是有一定差距的。

修身之行

记者

您工作日的日常生活安排是怎样的呢，能给我们透露一下吗？其实，大家都很好奇像您这样的科研大牛，每天的作息或者生活习惯和我们都有什么不同的？

王钊教授

其实，我真的也不算是科研大牛，只是一个年轻老师回国，一切重新开始，我只能说是参考国外一些优秀人士的作息时间给大家一些建议吧，但是不一定适用所有人。首先，我觉得国外的科研大牛，工作时间都特别长，投入的精力越多，包括像我的老板，美国的三院院士，这个领域里面顶级的人物，是我们实验室最刻苦的一个人，无论是圣诞节，还是在飞机上，他都是在工作的，这样杰出的人的作息有时候是非常疯狂的。所以，就是你付出了多少，就会收获多少。

对于我们大家来说，我回国以后发现，我们国内的学生有午睡的习惯，但国外学生一般是不午睡的。其实，我觉得打盹五分钟或者十分钟足够了，如果白天觉得困，那晚上早点睡就好了，熬夜的话白天肯定会精神不好，早睡早起，白天的时间就会更充裕了。

像我个人来说，我每天大概六点多起床，到八点半就已经干了两个半小时的工作了，加上中午的时间，没必要晚上加班，就可以利用很多时间。另外，人每天的时间是有限的，而且学生在学校的几年时间是很宝贵的，所以，希望大家每天尽量把时间花在有意义的事情上，特别是对自己个人和职业发展有意义的事情。

生活之趣

记者

科研之外，您在生活中会有什么样的爱好呢？平时都喜欢看什么书呢？

王钊教授

我平时比较喜欢阅读，不仅是书，包括paper、科研资料其实都挺有意思的。平时会看一些名著，而且我对书的质量是比较挑的，如果读的这本书其实不怎么样我会很失望的，所以，一般就会看已经是很多人推荐的名著之类。

说到阅读，现在大家好像更习惯看手机，地铁和公交上都是在看手机。但是，像国外其实手机比我们普及得早很多，但是在乘坐公共交通的时候，很多人还是拿一本书在看。我以前会比较关注微博和微信朋友圈，但是后来发现这个其实太花时间了，而且没有太大意义，也就不看了。现在大学生好像经常会感到迷茫，叫 get lost，你去看书的时候，这些书是作者把自己的人生浸入进去的，你能感受到很多不同的人生观和价值观，不仅在学术上，更在对待人生的态度上能够获取一些帮助和启示。有一个积极向上的人生观对于毕业后的职业发展和个人生活非常重要。

拳拳之心

记者

那您对您的研究生有什么要求呢？能不能请您分享一些未来您培养学生的理念？

王钊教授

希望他们首先对自己的研究方向感兴趣，以兴趣为导向。同时，也希望他们刻苦一点，主要我也是看到很多优秀的人，他们其实并不是说多聪明，但他们一定是非常勤奋的，才能取得这些成就。

其实，虽然说这个专业难度比较大，但是作为学生来说，正处于一个大量吸收知识的时期，学知识的时候学什么都是学，如果有兴趣就不会觉得难。另外，在院系调整前，学院本身学科划分就是比较细的，但是国外就不太一样，举个例子，以 MIT 的标准，电子工程、软件工程、光电工程、计算机科学在那边都是在一个学院里，按一个很广的门类去培养学生，所以，学生可以自由选择更多的课，有更多的机会，相对而言会更灵活一些，至于本科学位的专业是否对口，其实并不是特别重要，只要是理工科这个大类我觉得都可以，可能将来我们国家在学生的培养方面也会有一些调整，更倾向于学科大类招生和培养。

记者

2018 年电子学院的年刊主题为“启航”，2018 年电子学院成立，而您也是在今年来到电子学院，对学院和您来说都算是踏上新的征程，您对此有什么寄语或者想要与大家分享的故事吗？

王钊教授

学校从科研教学上来说还是要向世界一流大学看齐的，从新学院的角度，我们也是要作为学校的排头兵，争取把科研和学生教育都做到最好，对于学生而言，不管是本科生还是研究生，应该眼界放宽一些，不要拘泥于学校内部，或者四川省内的一些比较，应该把眼光放到国内甚至是世界上去。

最后，就是现在我们的学生接受到的应试教育偏多一些，但是还是希望大家能多加入一些独立自主的想法，有一些创新性的东西，多看，多尝试，不要局限在课堂知识，要与实际结合起来。所有人一起登上这艘“大船”，扬帆启航，实现梦想。

FOUR

chapter

······

博学洽闻

原波：机遇挑战并存，争当时代先锋

文 | 靳晓兰
图 | KahoChan、原 波

原波1994年毕业于电子科技大学电子材料与器件专业，1996年获得电子科技大学经济管理学院工业外贸专业双学位。

毕业后，历任中国电子进口山东公司业务经理，北京致远软件公司四川区域总经理，风行网助理总裁、销售总经理。现任电子科技大学国家大学科技园（天府园）副总经理，负责园区产业规划、招商、运营系统管理工作。

忆成电少年往事 尊师教诲铭记一生

恰大学时光，风华正茂；书生意气，奠定人生基础。

初来川蜀，原波做的第一件事不是赶到学校报到，而是怀着对孔明、对历史的仰慕，去邂逅自己的三国情结。入学后，由于对本专业和对成都气候诸多的不适应，少年意气风发的原波，在入学军训期间竟然打包行李准备“逃跑”。就在他踏上离开成都的火车的前一刻，被当时还是辅导员的靳敏老师（现任电子科技大学党委副书记）找到了，靳老师了解了他的情况，也和他谈了很多，最后把他从火车站劝回了学校。原波笑着说：“对于我来说，这段经历使我感受到成电人的温暖和热情。这是我年少时的任性，但却是我人生的基石。感谢当时劝我回来的靳老师，如果没有当时靳老师的劝阻就没有现在的我。”

因为自己“闲不住”的性格，原波大学期间活跃在各个学生组织中，他先后成为学生党员，担任学生会主席等学生干部。原波喜欢组织管理，也希望了解更多这方面的知识，所以，在研究生期间，他选择了经济管理学院工业外贸专业双学位，最终取得了本专业和外贸专业的双学位。

回忆起毕业时，原波的毕业设计可谓是“一波三折”。在做毕业设计的时候，原波不小心在实验室炸了老师新买的进口烧结炉，彼时的他以为自己闯下大祸，心中甚是忐忑。虽然心疼昂贵的设备，但老师没有为难他，依然让他继续做实验，完成毕业设计。原波非常感谢当时带他做毕业设计的老师——陈艾教授，他说：“陈艾老师教会我的不仅仅是实验中的知识，更是用自己的行为诠释了成电精神。”也正是陈艾教授这种“求实求真，大气大为”的成电精神，在原波日后的生活中始终影响着他，成为了他为人处世的风格。

学生时期的种种经历为原波日后的“大为”打下了坚实的基础。“求真求实，大气大为”是成电的校训亦是成电学子应有的品质。作为新时代的成电学子我们应该承前人风貌，再创成电新辉煌。

望天府园前景 集电前路机遇挑战并存

怀超越环境之想，有迎接挑战之力，把握当代新时机。

原波现任电子科大科技园（天府园）副总经理，负责园区产业规划、招商、运营系统管理工作。

聊到与自己的本职工作有关时，原波展望了国内未来的集成电路的发展趋势。谈到前不久的“中兴事件”，他认为，主要是因为国内以及中兴国际公司没有自己的研发技术，受制于人。固然美国交易法则有诸多的问题，但是从政治贸易战来说，这样的做法无可厚非，我们要透过问题看到本质。从“中兴事件”可以看出，我国在芯片核心、底层、材料等方面与美国依然存在着一段不小的距离。在未来，我国器件研究在集成电路发展方面将占主导地位。“自主”和“可控”将是集成电路发展的重要口号。对学生来说，这既是机遇也是挑战。社会对集成电路制造方面有巨大需求和国家对集成电路发展的大力支持，为我们带来了很多机遇；我国集成电路发展行业基础薄弱，为未来的研发道路带来重重挑战，我们应该抓住机遇、不惧困难、迎接挑战，展现成电学子的风貌。

在聊到电子科技大学国家大学科技园（天府园）和其他两大科技园区时，他介绍到：天府园区是学校发展的第三个科技园区。在学校发展的三个科技园区中，每个园区都有不同的分工。

第一个园区是沙河电子信息产业园区，此园区已用 20 多年，主要孵化小微型企业；第二个园区在新校区（清水河校区）附近的西区科技园，此园区在 2007 ~ 2008 年时间就有 100 多家企业入住，主要接受成长期、加速期的企业；第三个园区即为天府园，是学校目前最大、最新、最好的园区。此园区主要经营电子信息产业，与电子学院相关的集成电路是此园区的重要发展方向。园区的成员有 50% 来自成电，园区运营者有 1/3 的是成电毕业的学生，其中创始人员、研发高管人员较多都是成电校友。他说："在未来，天府园期待有更多成电学子的加入。"

机会总是留给有准备的人。打好坚实的基础是迎接机遇与挑战的必备条件。作为成电学子我们更应该不忘初心，把握当下，才能在未来的挑战中运筹帷幄，拔得头筹，成为未来我国集电之路发展的中流砥柱。

愿成电后辈不忘初心
争当新时代成电人

初心不改，少年时光应且行且珍惜。

原波担任了我院钧业五班的企业导师，在聊到对钧业班同学领导能力的培养时，师兄通过生动的实例解释了自己关于领导力的认识，同时分享了自己多年从事管理行业的一些心得和感悟。

关于领导力问题，在原波看来有一部分是先天性的，也有一部分是后天培养的。就像从前的红军、八路军，有很多人在当兵前都是"泥腿子"，就是我们说的土匪，在当时环境的影响下，不得不去当兵，这就为他们提供了一个类似于展现自己能力的平台。自身有能力然后又获得一个平台，所以成就了一个人。很多人天生的性格是改变不了的，有时性格就能决定命运。领导者，首要的是要发自内心的，自己想站出来去做一些事情；其次需要有人发觉你的能力，要有一个合适的平台展示你的能力。有时领导力是需要有人激发的。先天性因素、时机、平台、外部激发都很重要。组织领导者应以身作则，组织本来就是一种平衡资源的整合能力。在这个过程中，首先领导者自身的眼光和见识都会有所增长，其次会再次激发自己的组织领导能力，然后眼界又会再次增长……这是一个相互促进的正反馈循环过程。

除了对钧业班同学的培养观点外，原波师兄还提出了自己对"当代成电人"的观点和期望。对于 21 世纪的成电人来说，这个时代不乏机会，但也充满了更多更难的挑战，要珍惜在成电学习的机会，学好自己的专业。不能光学书本上的东西，还要去企业学习，参加实践活动，真正地去了解这个社会需要什么东西、需要什么类型的人才。除了专业知识以外，还需要多了解一些人文、管理、历史、地理、文学、哲学、佛教、武术、足球、篮球的知识。因为做很多事情都需要上知天文，下知地理。个人的发展需要综合素质全面发展，这主要取决于自己的兴趣和用心了解日常生活点滴的态度。他说："多看人物传记，了解历史，在我看来就是很好的鞭策自己的方式。但是，在学习的同时也要合理安排自己的休息时间，健康的身体才是一切的物质基础。"

在中学期间，原波的地理和历史课成绩就时常都是满分。他说："现在的学生比我们那个年代的学生思维更活跃。但是，如今是一个信息大爆炸的时代，当代大学生通过读纸质书了解人文历史没有我们那个时代的学生读的多。因为当时没有手机、互联网，甚至连电视机都很少，更多的是杂志、书籍。在此，我还是推荐同学们通过多读纸质书籍来培养自己的人文素养。"

在过去浩荡的 62 载时光中，成电培养了一代又一代优秀的成电人。他们在不同的岗位上用自己的才华温暖、照亮着这个时代，为祖国的繁荣昌盛努力奋斗，他们是我们的榜样，他们用自己的方式为成电人的后辈"栽下了可乘凉的树"。感谢每一位成电前辈辛勤的付出。

今年是电子科学与工程学院成立的第一年，原波说："今天的分离是为了明天更好的启航。新学院，新学年，愿学院学子承上启下，再创佳绩。"

张强：抓住时代机遇，做想做的事

文丨郭月莹
图丨Kevin

十八年前，他是文艺青年，热衷网络文学，喜欢徒步旅行，用双脚丈量成都的每一座大山。

八年前，他是中科院物理研究所超导国家重点实验室副研究员，专注电子器件及系统应用研究及产业化，参与、承担、负责多项国家级课题。

五年前，他机缘巧合由技术转向投资领域，一脚跨进了广阔的投资市场，加入中科招商集团，主导多个科技投资项目。

从低头做实验、与机器打交道，到抬头观大局、遇见满怀激情的创业者。身份的转变带给他不一样的人生体验。他说：要勇于抓住时代机遇，做想做的事。

他就是张强。

电子科技大学工学学士，中国科学院理学博士，特许金融分析师，现任中科招商集团执行副总裁。

张强是我院1999级校友，现担任我院钧业五班企业导师。面对面交流时，他谈吐真诚又自在，不像是一位接受采访的公司老总，而更像是一位在图书馆里话家常的兄长，将自己十几年来的挑战与成绩云淡风轻地娓娓道来。

缘起成电

"我当时也算文艺青年啊，你知道文艺吧，哈哈……"谈起过去的大学时光，张强有些激动，眼光透过厚重的书架，仿佛看见了那个对世界充满好奇心的年轻人。

问

为什么选择来这里读大学？为什么选择电子科学与技术专业？

答

我是湖南人，以前上学想走远一点。不过能来这里上学，想起来都是缘份，是我高中同桌推荐的，他家是邮电系统的，他说这所学校很好，他考不了，推荐我考。

至于为什么选择这个专业，已经想不起来了，高中读书只顾考分数，在真正最重要的专业决策上没有经验。幸运的是，进入了成电这个环境，专业也是比较感兴趣的一个方向。

问

在这里读书的时候有哪些难忘

的人和事？

答

除了主业之外，有很多好玩的事情。

我喜欢旅游，五一、十一放假都会去旅游，去过青城山、峨眉山、西岭雪山、彭州银厂沟、瓦屋山，还有很多地方。听说因为地震，银厂沟已经没了，那是我第一次出去玩的地方，山水真的很漂亮。

当时我算是文艺青年，参加了成电红帆船文学社（现在已经没有了），经常出期刊、写文章、开展文学讲座，刚开始有网络文学的时候，大家还一起讨论网络文学的事情。大学头两年都在文学社里，最后当了一期社长。

我还喜欢辩论赛和打篮球。我口才一般，普通话一般，不会参与辩论赛，但是喜欢听。在辩论赛中，其实正反两方的观点都有道理，即使最后有一方胜利了，那也是因为咬文嚼字而获得的技巧上的胜利。但是，它会开拓思维，教会你从多个角度看事情。打篮球给了我强健的身体。我后来发现，这个是受益终生的。

问

有没有觉得现在成电的风貌和以前相比有很大不同？

答

我在中科院工作的时候，在电子信息系统、雷达等方面经常与成电有合作，经常回来。做投资之后合作更多，2016年校庆的时候也回来过，校友之间的活动很多。2018年来这边开展的活动更多，所以，相当于是一直在看着学校慢慢发生变化。

如果和1999年我刚入学的时候相比，母校变化很大。以前硬件设施破旧，现在大气敞亮，比较新，而且有了两个校区。在软件方面，这十几年，成电在电子领域突飞猛进，从当年与西电不分伯仲到现在超过西电，真正称得上是电子领域的排头兵了。

当然，成电还有更大的发展空间。虽然地理位置在西南，相对沿海地区接触理念较晚，但这几年成都的大环境很好，成都需要电子信息产业，而成电也擅长这一领域，这就是学校发展的时代机遇。在2017年9月29日，成都市市政府设立了成都市“电子科大日”，将地方与学校紧密相连，双方相互促进，有利于学校更快的发展。

要领导团队先领导自己

“行有不得，反求诸己。”如果不能管理好别人，先反过来检查自己，是不是自己的管理方法有问题，在管理别人之前，是否能管理好自己。

问

怎样理解领导力？

答

在社会上，领导力不管是对于个人发展，还是对于学校发展和学校声誉，都比较重要。工作这么多年，可以看出来领导力是工科学生比较欠缺的。在企业、政府部门，工科生做领导的少，做总工程师的多。在专业能力上，成电学生肯定不差，但在领导、组织管理能力方面比较欠缺。原先我们上学的时候学校基本没有有意识引导这方面。

一个人要培养领导力，首先要学会领导自己，学会去领导自己的想法，再去领导一个团队，甚至是一个企业。

现在做事都要靠团队打拼，领导者需要具备领导别人、组织资源的能力。碰到很多困难、变化、意想不到的问题，要用乐观积极的心态去感染身边的人，找到解决问题的办法，还要有持续学习的能力和找资源的能力。这些在学校的专业课里是不会教的，在课堂上也很难学到。但在社会上很重要。

成电学生可能在某一领域最擅长，但作为领导者，你需要多方面的能力。举个典型的例子，比如，国家主席，你需要在军事、外交、经济、政治、社会管理等各个方面都有相当涉猎，综合各种信息，还要有创新性、引领性的思维。

问

您认为我校相比国内外其他院校有哪些优势和劣势？

答

优势：电子信息作为成电的主打方向，特色比较明显，是电子信息领域唯一的“985”高校，在招生、学科发展、社会知名度上会产生正反馈。

劣势：其一，相比清华北大来说，成电并不是顶尖高校，我们是非综合性大学，历史没有那么悠久，清华北大品牌影响力更大，知名校友更多。

其二，就是领导力劣势。工科学生专业能力很强，很多成为总工程师、副职，但是统筹全局，领导大公司的相对较少。这需要各方面的综合能力，需要学校的早期培养。组建钧业班是一个很好的方法，它的意义就在于培养学生的综合素质，给学生重点培养领导力的理念和意识。请校友回来沟通，组织相关活动，对这方面的素质有提升作用。

对于加强领导力的建议：包括意识和实操。最重要的是要让同学们在实践中锻炼，比如，加入社团组织和学生会、锻炼组织管理能力，对于将来组织资源比较有帮助。现在很多创业的师兄，以前都是做学生工作的，他们一直有这个意识，也注重培养自己这方面的能力。

钧业班所倡导的理念，要求与领导力的结合更紧密、与社会企业相互沟通、与投资相结合，开展创新创业活动，真正给想从这方面发展的在校学生一些培训和途径。

换一种生活方式，看遍各种人生

“成电的学生还怕学吗？学一点金融的知识不难。工作了几年之后，发现之前学的太小儿科了。”五年之后，回顾往昔站在十字路口的自己，张强学长认为这条全新的道路之上没有艰难，都是趣味。

问

您相当于是从中科院起，从事十年技术工作，为什么会在2013年转行？是怎样由技术转向投资领域的？

答

这个问题被问了无数遍了，主要是跨度有点大。对于个人来说，在大学、科研院所做科研，是一种封闭、平淡

的生活，相对离市场远一点，做出了一些成果之后，有点儿成就感。但是，我想跟市场更近一点，外面的世界那么大，想多体验体验，北京的投资公司很多，他们需要理工背景的人，机缘巧合吧，就换了一个生活方式。

换了一份工作，需要学习新的东西。但，成电的学生还怕学吗？学一点金融的知识不难。我便开始全面地了解金融的理论知识，为新的工作做一些准备。现在干了五年，发现那些东西太小儿科了，在实践中积累的能力、经验更宝贵。

当时转行跨行，从体制内到体制外，有些不确定性，家人会有些担心。但我觉得有兴趣，比科研更让我有兴趣。做科研是在某一个方向能钻得特别深，在一个小圈子里交流就行了。而风险投资和实业，和初创型的公司结合更紧密，我们要看产品、技术、行业等比较实的东西，只钻研很深很小的方向是不会有那么多机会的，与电子相关的方向我都会去了解。

问

能否简单介绍一下投资？

答

风险投资包括四个环节：募、投、管、退。也就是募集基金，然后找项目投出去，看能不能帮他一点忙，涨得快一点，上市或被人收购，最后退出来把钱拿回来给投资人。投资管理就是帮别人、别的机构，找好的投资机会，让资金增值，一起分一点增值的利润。

做投资要与很多的创业项目、人、行业打交道，能看到新的商业模式，新的技术、产品，接触新鲜的人，接触很有激情的创业者、领导者……这些都很有趣。

和之前不同的是，投资主要跟人打交道。原来我比较内敛，做研究做实验，跟仪器打交道，而现在我突破了自我，也觉得很有意思。不好说这份工作是不是更好，但能看遍各种人生，有的人运气好，顺风顺水；有的人运气差，一直在折腾……在这份工作中能看到社会的各种状态。

问

很多做技术的人会在四五十岁转行做投资，而您转行更早，这是工科学生未来的另一条发展道路吗？

答

这样的人不少，其他清华、北大也有很多，做中早期投资要了解一点行业专业知识，有点工科背景相对来说好一点。投资是一件很专业的事，这是投资公司喜欢找这种人的原因之一。

这份工作不像你们想象的那么简单，书本上学不到的东西很多，确实需要人生阅历比较丰富之后再去做会相对好一点，最好自己创业成功再去做投资，可能会上手更快一点。

有人说，“投资是人生最后一份工作”。这句话有一定道理，但不一定都要去做投资，因为做投资不像理工科懂技术就行，这里面还有各种经济规律、人性、陷阱和诱惑。

问

您未来的职业规划或发展方向是什么？

答

这个职业挺有意思的，也许一直做吧！做投资的最后也会有几种发展，有的跳到一个初创公司去做，成为创业者；有的自己开一个投资公司，既创业又做投资；也有的人赚够钱就退休了……我现在还是在这个行业发展吧，没有什么别的想法。但人生总有意外，短期内没有别的大的变化，将来不一定哦！

问

最后，您有什么话想要对同学们说吗？

答

现在是新时代，是一个转折点，整个世界、我们国家都在一个比较关键的时候。时势造英雄，接下来的时代会有巨大的机会。希望大家多掌握一些知识，包括专业知识和综合知识，抓住这个时代的机遇，为社会做一些事，实现自己的价值，能做自己想做的事。

于奇：浅谈半导体现状和展望

采访 | 雷阳雪
拍摄 | 赵蕴鹏
整理 | 李尚栋
部分图片来源网络

振兴中国芯 | 系列第一期嘉宾 / 于奇 教授

“中兴事件”一波三折，由此引发的对中国“缺芯少魂”的质问与分析广泛出现在主流媒体上。中国半导体芯片现状究竟如何，中国芯片是否能够挣脱西方制肘，迎来自己的春天？

为此，电子科学与工程学院“微观E事”官方微信平台，近期将推出“振兴中国芯”系列采访推文，邀请奋战在半导体行业一线并在“产—学—研”结合链中起重要推动作用的专家学者，为大家作一一分析和解答。

于奇，山东烟台人，教授，博士。1997年留校工作至今，任超深亚微米集成电路与系统研究室主任，主攻新型半导体器件、数模混合信号集成电路与系统设计。现任电子科学与工程学院（示范性微电子学院）副院长。近年来，申请国家发明专利70余项，授权20余项。在国内外重要学术刊物和IEEE国际学术会议上发表论文40余篇，其中被SCI收录20余篇。

问

“中兴事件”以来，很多人关心我国半导体行业的现状。中国半导体到底行不行？

于奇

其实，我国半导体芯片产业还是在逐年发展的。

对于半导体行业的三个大方面，即设计业、制造业和封测业，产值比例是良好的。在设计方面的比例甚至还要比国际高一些。

但是，我们仍面临几大问题。

■第一，行业过分依赖进口。2017年的进口量大约占了全球总产值的65%。进口数量巨大，但大部分芯片用于国外品牌的整机装备，包括电脑、ipad、手机等。产品的大部分利润还是被西方国家拿走了。

■第二，芯片的自给率低，而且仅有的百分之十几的自给率是以中低端的芯片为主的，高端的芯片全都依赖进口。这是一个实际，数据本身只是一个数字，数据背后再分析，我们消费了全世界65%的芯片，但又不是真正我们自己消耗了65%。我们不能自给自足，自给率很低，这是第二个问题。

■第三，高端芯片完全被制约，即所谓的“缺芯化”问题。

这就是一个切实的行业现状，是非常严重的。原因是多方面的。其实，我国半导体起步是挺早的，但由于种种原因，没有及时跟上，导致了落后。再之后，面对西方国家设备和技术的限制和封锁，差距继续拉大，跟在别人后面追赶，实是在十分困难。

当然，这些问题，不是仅靠微电子行业就能解决的，与其他相关行业也有很大的关系。比如，化工方面，工艺需要用到的各种高纯度试剂，国内生产仍有困难；材料方面，国内大尺寸硅片良率偏低；设备方面，国产的制造和测试设备精度不够理想。可以说，集成电路芯片的生产水平真正体现了一个国家的综合工业能力。

问

那这些问题能否解决，应该怎样解决？

于奇

对于这些问题，其实国家早有所考虑和部署。2014 年国务院发布《国家集成电路产业发展推进纲要》，就明确了我国集成电路产业的发展战略。按照这个战略，2030 年前后，中国半导体产能要达全球的 45%。那时，我们集成电路就真的谁都不怕了！也不会遇到现在的这个尴尬局面。

首先，要解决的是人才问题。人才规模严重不足、结构不合理、工程适用性差、缺乏领军人物，这是我们国家集成电路人才培养所面临的现实问题。

从高校层面来讲，2015 年国家启动了国家示范性微电子学院。我们学院是 9 家直接建设的国家示范性微电子学院之一。另有 17 家筹备建设，共 26 家单位携手努力，探索高层次集成电路工程人才培养的新模式，突破我国集成电路产业人才培养的瓶颈。

从 2016 级开始，我们的集成电路设计与集成系统专业就按照新模式培养，推进校企共建课程，要求学生应有一年的企业实习实践。目的就是加快学生的成长过程，从教育上解决行业的人才需求问题。相信经过这个事件，各方推进的力度和速度都会加大。中国半导体一定会越来越强！

问

电子学院的学生在这块产业能够做些什么？能否给他们学习和科研方面一些指导？

于奇

作为工科学生，如果要走学术方向，就要学好数学和物理。后面大家攻读硕士、博士或者留学深造，做基础研究，都需要扎实的数理基础；将来选择就业工作的同学，除了基本的课本知识外，要利用好学校和学院提供的实习实践机会，去产业一线多接触。另外，要开拓国际视野，有机会出国走走。

这个行业确实是需要我们大家一起努力的，也希望同学们站在国家利益的高度，为更高的理想和追求而奋斗！

电子科技大学，作为以“电子信息”为立校之本的“双一流”A 类大学，在第四轮全国一级学科评估中，学校 4 个学科获评 A 类；其中，电子科学与技术、信息与通信工程两个学科为 A+，A+ 学科数并列西部高校第一。

电子科学与工程学院（示范性微电子学院）作为承担电子科学与技术学科建设与发展的学院，拥有一支以中国科学院院士刘盛纲教授、陈星弼教授领衔的雄厚师资队伍，国家杰出人才共 64 人，其中两院院士 5 人，IEEE Fellow 6 人。拥有电子薄膜与集成器件国家重点实验室等 4 个国家级平台。学院设有电子科学与技术、微电子科学与工程、电磁场与无线技术、电波传播与天线、集成电路设计与集成系统（示范性微电子学院）等专业，每年为国家和集成电路行业培养和输送了大批基础知识厚、工程能力强、综合素质高的优秀人才。

王忆文：认清差距，努力追赶

采访 | 凌荣勋
拍摄 | 容浚源
整理 | 李尚栋
部分图片来源网络

振兴中国芯 | 系列第二期嘉宾 / 王忆文　教授

王忆文，教授，电子科学与工程学院集成电路与系统系主任。本科毕业于武汉大学电子学专业。2005 年毕业于东京工业大学通信与系统集成专业，获工学博士学位。长期从事 SOC/SOPC 的设计与测试技术、DFT 技术、数字音视频编解码技术、无线网络技术等领域的研究。在国内外杂志和会议上发表论文 20 余篇，申请国内外发明专利 10 余项。

问

能谈一下您对“中兴事件”的看法吗？事件会给中国集成电路带来怎样的影响？

王忆文

作为半导体行业的从业者，美国对中兴的禁令对大家的触动还是挺大的。我们更加清晰地认识到国家“缺芯少魂”就会受制于人的现实，也增加了我们的紧迫感，从这个角度来看，这次事件能够让我们更加充分地了解到中外差距，为集成电路行业进一步发展提供良好的契机。

问

国内集成电路产业的发展现状如何？

王忆文

其实，国家早已明确集成电路是信息产业发展的基石，一直在不断加大集成电路产业的发展力度。2014 年国务院发布《国家集成电路产业发展推进纲要》（以下简称《纲要》），并陆续成立了千亿规模的大基金投入集成电路领域，确定了集成电路在国家战略层面的地位。从经济层面来看，近几年国家进口集成电路的外汇都超过 2000 亿美金，2017 年甚至超过石油 1000 亿美金，所以说，集成电路在国内具有如此庞大的市场需求，理应大力发展。在教育方面，国家 2015 年开始成立 26 所示范性微电子学院，其中首批 9 所，我们学校也在其中。通过以上这些，可以看出发展集成电路产业的重要性，以及国家的重视程度。

虽然我们国家在集成电路发展

的各个领域都有相关部署，但是毕竟追赶不是一朝一夕的事情，因为集成电路产业链非常长，包括材料、制造、工艺、设计、封装、测试、应用等，每个阶段的投入又非常大，再加上人才培养的周期比较长。虽然国家在很多年前就开始奋力追赶，但是这个差距依旧是全方位的，还需要我们不断努力去赶超。

问

除了《纲要》的部署，我们应该怎样缩短这种差距？

王忆文

面对差距，我们不能妄自菲薄，也不能妄自尊大。要清晰地看到差距，才能寻找办法去解决。我们还要认识到，虽然有差距，但是国家在集成电路整个产业链已经有了不错的成果。工艺制造方面，中芯国际的生产线可以达到 28 nm 的工艺水平；在设计方面，以华为海思为代表的个别高端芯片设计水平，已经接近国外。包括封装、测试、设备制造等其他领域，国家也从无到有，逐渐开始发展。

谈到集成电路的发展，可以分为几个层面。在产业层面，国家从无到有，已经有了一定基础，还要继续发展，其中最关键的应该是集成电路的设计，而设计的核心是人才培养。目前集成电路设计人才匮乏，预计到 2020 年人才缺口大约 30 万人。所以，在教育层面，国家陆续成立了示范性微电子学院，包括我们学校、学院，也一直在做多方位的尝试，例如，校—企的“产学研”结合培养，让学生到企业中去实习、实训半年，了解行业的需求与发展、开拓视野；再如，工程师进课堂、小班教学、跨学科课程建设等，都是有益的探索。从学术研究层面来说，我们学校一直在提倡将科研与社会需求结合，做出有水平的、真正有用的芯片。

问

我们专业的学生应该怎样配合行业的发展，锻炼自己的能力？

王忆文

大家要了解到集成电路专业是与行业发展密切相关的学科，学生要有意识地去了解行业趋势，边学习、边动手，不断提高自己的能力。大家还要提高对系统的理解，做学科交叉与融合，提高创新能力。希望我们的学生都能够树立远大理想，除了找到好工作，还要有家国情怀，要做行业的创新引领者，做真正有价值的工作。

最后，在我们国家，有很好的机会和平台，既然选择了这个行业，希望大家都能够坚守信念、踏实进步，进而实现自己的理想。

附

2014 年 6 月 24 日，国务院印发《国家集成电路产业发展推进纲要》。

《纲要》指出，集成电路产业是信息技术产业的核心，是支撑经济社会发展和保障国家安全的战略性、基础性和先导性产业。推进集成电路产业发展，到 2015 年，建立与集成电路产业规律相适应的管理决策体系、融资平台和政策环境，全行业销售收入超过 3500 亿元。到 2020 年，与国际先进水平的差距逐步缩小，全行业销售收入年均增速超过 20%。到 2030 年，产业链主要环节达到国际先进水平，实现跨越发展。

《纲要》明确了推进集成电路产业发展的四大任务。一是着力发展集成电路设计业。二是加速发展集成电路制造业。三是提升先进封装测试业发展水平。推动国内封装测试企业兼并重组，提高产业集中度。四是突破集成电路关键装备和材料。加强集成电路装备、材料与工艺结合，加快产业化进程，增强产业配套能力。

振兴中国芯，电子人用行动成就梦想，成电人以奋斗成就人生！

成电书谈

跨越一甲子的青年书单

策划 | 郭月莹
采访 | 沈仕远　肖紫嫣　蒲小庆　高蜀峰
　　　金云颐　凌荣勋　高　琴　谯　彬
摄影 | 何宇豪（部分照片由本人提供）

历史上的五四

1919 年 5 月 2 日，蔡元培赶紧回到北大，把巴黎和会的消息告诉了北大学生——北京政府国务院密电，命令中国专使在丧权辱国的巴黎和约上签字。

3 日上午，北大公告牌贴出通知，晚 7 时召开全体学生大会，与会学生包括北大、清华等 13 所学校学生代表。这天本是周六，学生们无心读书，北大校园一片沸腾。

4 日，3000 青年学生浩浩荡荡涌进天安门，举行学界大示威。

五四运动如一道闪电，快速而猛烈，但它其实经过了五年时间的积淀。是新文学带来了新思想，是新思想造就了新青年。

正和校园中的你、我年龄相当，这场青年运动的学生领袖和代表人物平均年龄只有 24 岁，他们密切关注时事，深受易卜生、克鲁泡特金和托尔斯泰等的作品影响，对社会怀有强烈的使命感。

身为新时代的新青年，影响你最大的一本书是什么？

在不同的年代，总有不同的书影响着一代人。

微观 E 事邀请了不同年龄段的老师和同学，

来为大家分享成电人的青年往事。

永不言退 反败为胜

陈　艾　　教授　　30 后

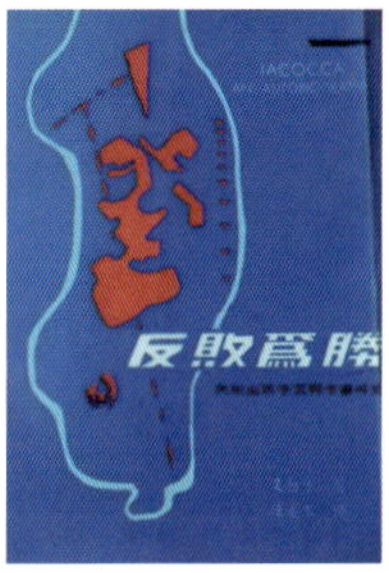

陈艾教授于 1959 年毕业于电子科大，后留校任教，不仅是“全国电子系统优秀教师”，还是一位资深翻译家。在“五四”青年节前，陈教授写成满满三页手稿，将艾柯卡的精神与同学们共享！

“五四”青年节前，辅导员小文让我推荐一本青年时期影响最大的图书，这让我想起 44 年前读过的、美国汽车业巨子 Lee Iacocca（李·艾柯卡）的自传《An Autobiography》（中译本名《反败为胜》），它至今给我留下了极深的印象。

该书论叙了作者一生富有传奇色彩的奋斗经历，不但倾倒全美，甚至轰动世界，使之成为众所瞩目、家喻户晓的焦点。至 19 世纪 80 年代中，该书行销 700 多万部，作者曾应当年里根总统之邀，出任“自由女神百年纪念委员会主席”，并被誉为“实现美国梦的平民英雄”，继而数以万计的电话、书信希望他出任下届总统竞选。在此，谨以此与年轻的同学们共享。

艾柯卡的故事里有很多亮点，对我触动最深的有三点：首先，人的一生需要设定三个奋斗目标，包括眼下的、中期的和最终的；其次，凡事得讲求“创新”，艾柯卡最为人们称道的名言就是：“不创新，便死亡”，这也是世界得以发展进步的推动力；第三便是，在没有准备好两种以上可行方案以供选择之前，绝不要作任何重要决定。这样才能尽少犯不必要的错误。

书鉴全文与手稿

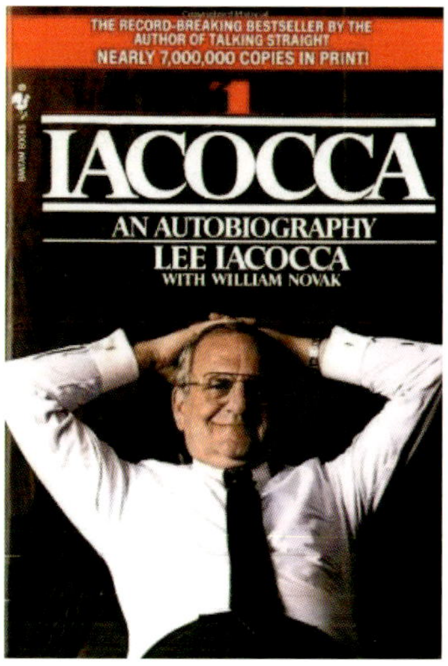

艾柯卡出身于意大利移民家庭，父亲1902年举家来到美国闯天下时还十分贫穷和困惑，艾柯卡于1924年出生在宾州亚兰镇，当年正值美国大萧条年代，生活拮据甚至居无定所，加上新移民又被人歧视，所以特别孤独无助。但是，因为父亲天性乐观，做事力求竭尽所能，全力以赴，而且充满活力，精力无限，母亲则具有十分善于应变困难的才能，勤奋持家，从不发愁，成了家庭的脊柱，所以一家四口十分和睦亲近。家庭从小给艾柯卡留下了十分良好的基因，使他懂得了亲密无间的家庭可以给人力量，懂得了即使时运不济，也不可绝望，奋斗才大有作为的道理。

艾柯卡是在第二次世界大战的战火年代，进入里海大学的。大学里完成了工程技术和商学院两个学位，继而在普林斯顿大学获得心理学硕士学位，学会了很快能猜度一个人，甚至第一次见面就能判断一个人的能力，从而为作为一个管理者创造了条件。

1946年，22岁的艾柯卡在福特汽车公司找到一份见习工程师的职务，负责设计离合器弹簧。然而，这份整天和机械打交道的工作使他感到无趣，便成为一名与人打交道的汽车推销员。1956年别出心裁地提出了“1956年型汽车分期付款的新销售模式”：先交付20%预付款，其后每月按揭$56，三年付清，并适时打出“花56元，买56型福特”的商业广告，从而只用了三个月便从最后一名跃升为全国销量第一，年增销量7.5万辆。紧接着在1964年纽约博览会上，艾柯卡主动请缨推出野马(Mustang)系列销售计划，使原定75000辆指标上升至42万，被称为“野马之父”，从而晋升为华盛顿特区经理。艾柯卡的销售计划使濒临破产的福特公司年净赚42亿美元，也让他成为《时代》《新闻周刊》的封面人物，并于1970年成为公司总裁，年薪百万而当之无愧。由于个性张扬而功高盖主，1978年54岁时艾柯卡突然被老板小福特解职，被安排在一间小仓库的黑房间办公，终致辞职。

失败之后的艾柯卡没有沉沦，他痛定思痛，决心在汽车行业再作一搏，以决一雌雄。1978年11月踏上即将沉船的克莱斯勒公司这个烂摊子，认为公司的决胜关键在于人才、产品和利润三要素，而人才是第一位。在经过大力整顿以后，提出“有难同当，同舟共济”的口号，65万员工无一裁员，个人年薪从36万降至1万，经过6年奋斗，使公司从亏损1.6亿到盈利24亿，超过公司60年利润总和，成为与通用、福特并驾齐驱的汽车行业三驾马车，位全美500强之首。但在艾柯卡离开克莱斯勒之后，公司又每况愈下，这不得不使人们把目光投向公司的执行机制、风险管理与利益集团的相互影响上。艾柯卡认为，优秀的人才是最大价值；永远不要忘记为公司赚钱的是一线员工；坚持抓住最优先考虑的重点；在没有准备好两种以上可行方案以供选择之前，绝不要作任何决定等重要观念。

一汽丰田副总董海洋在《自传》一书中文版序言中指出：“一个没有英雄的时代是寂寞的，然而一个需要英雄的时代又是不幸的。”人们喜欢他的人品，尊重他的才能，他能像磁铁一样，吸引其他有才华的人为他工作。政治上深得人心，他像艾森豪威尔一样，为社会做出巨大贡献，像杜鲁门一样态度坦诚，讨人喜欢，还像里根和汉弗莱一样充满活力，就连老布什也承认：“艾柯卡是我竞选总统道路上最强有力的竞争对手。”

艾柯卡创造克莱斯勒公司起死回生的奇迹，如此令人振奋，在美国很多父母都愿意把这本书作为圣诞节赠送给自己将要步入社会的孩子的礼物。在此，我也愿以此与年轻的同学们共享。

陈艾

2018.4.28

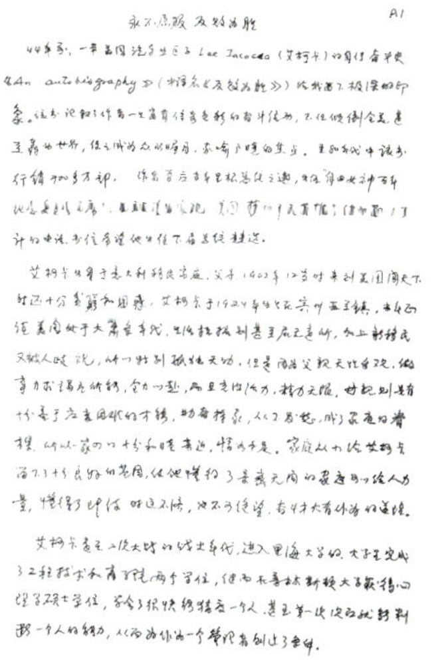

陈艾教授部分手稿截图

做一辈子的研究生

樊 勇　教授　60后

樊勇教授专注于微波方向的研究，现任电子学院院长。

小学时候限于条件，只有到图书馆借一些小人书看，比如《红旗渠》。

高中时候，学校在半山腰上，每天下午回家吃点东西拿着手电就去学校上晚自习，10点多再回家。那时候只有一个目标，就是高考。

上大学的时候不仅同学的年龄差距有点大，基础也相差很大。我最感兴趣的是一套苏联的《数学分析》，我当时高考的数学不是很好，而理工科的数学很重要，所以，我下工夫把那一套书的习题做完了。

毕业之后，我在研究所工作，那时候就抱着一个想法，就是学习、研究。整个国家的经济不够发达，工作压力也不大，但那时候我是每天都加班的，因为我觉得青年时期抓紧时间做点事情对未来的积累是很重要的。后来，到了电子科大读研究生，在2001年原电子工程学院成立之前，我一天到晚都是待在实验室里的。

对于现在的同学们，我希望他们吸取我的教训，多读点书。从每个人的成长来讲，一方面，我们需要有一个一技之长，多读专业技术方面的书；另一方面，我们要努力成为一个更全面的人，扩大自己的知识面，比如，读一些伟人的传记，可以了解这些伟人在人生的不同时期，在做重大决策的时候，他们思考问题的角度和方法。

其实，我几年前就有编写两本书或者开两门课程的想法，一个是关于《科学方法论》，一个是关于《科学发展史》。《科学方法论》可以说是对所有理工科甚至所有的学科都有意义的一个学科，它会告诉我们一个必须遵循的科学的研究方法，只有这些最基础的研究方法对了，科学的道路才不会走错方向。至于《科学发展史》，古人有句话说得好：“以史为镜，可以知兴替。”通过了解科学发展的历史，尝试去理清科学发展过程中的脉络或者一些内在的逻辑关系，我们就能够对科学的发展有一个更加清晰的认识，这不仅仅有利于我们现在的科学研究，还可以帮助我们去预测未来的科学发展的方向。

寄语：“人这一辈子，先苦后乐，其乐无穷；先甜后苦，苦不堪言。”年轻的时候如果不下工夫去拼搏去努力，以后到了我这个年纪你就会知道真的没机会了。我曾在电子科大的应用物理研究所工作，研究所的第一任所长是林为干院士，林为干院士70岁生日的时候，说了一句话：“做一辈子的研究生”。这句话让我对于终身学习的理解越来越深刻。现在，新的事物、知识更新很快，可能基础的东西没变，但是最前沿的东西发展得很快，你如果不能一直保持学习，就会很快被社会淘汰。

与书为友　求同存异

李　媛　教授　60后

我对自己将来能做什么的困惑在上学的过程中一直都在，也找不到答案。

直到后来我有机会读到了一本书，岳晓东的《登天的感觉》。

我在北京师范大学读大学三年级时，对专业与前途有很多的迷茫。当时心理学在国内刚恢复招生，大众对心理学的认识还局限在“你知道我心里在想什么吗”？在当时的那种情况下，我对自己将来应该做什么，向哪方面发展都不知道。

父母也仅是不断地嘱咐你要珍惜上大学的机会，好朋友的感觉跟你也差不多，多说无益。那时感觉没有人可以聊天。有一天晚上，北京下了很大的雪，我在教室坐了一会，无心学习，背上书包离开教室。在大雪中、在校园里漫无目的地走。整个校园很安静，静得只听得到鞋踩到雪里发出的声音。好像整个世界就只有你一个人，一边踩着雪，一边看着漫天飞舞的雪花。我当时脑里还是有很多的想法，记得比较清楚的一个就是对自己不满意，期待着突然有一个灵感冒出来，把一切问题想通。

《登天的感觉》这本书用很接地气的语言描述了心理咨询是什么，在国内前所未有。有了这本书的启蒙，我慢慢清楚了自己的定位，是在专业理论与实践工作中的联结者。我自己的定义是，做理论研究是为了更好地用在实践中，在实践中发现问题，在理论中找到答案。就这样探索着实践着走到现在。

虽然这本书已经是多年前出版的一本书，书中对心理咨询的描述也已经有些跟不上时代了，但书中对心理咨询的理论与方法的介绍非常的平易近人，对同学们了解心理咨询以及心理咨询如何能帮助一个人成长都是非常好的阅读材料。

在我与同学们的交流中，很多同学会说：“李老师，我们非常喜欢心理学，但有些心理学的书真的看不进去。”我个人的经验是，看进去的书就多看，看不进去的书就不看。我们常说，书籍是人类的好朋友。我们要让阅读成为一种享受，与书做朋友，如果这个朋友的思想暂时不能理解，就不用强求。求同存异、广泛阅读，就会遇到一本你放不下的书，一个忘不了的朋友。

深入科研　知表知里

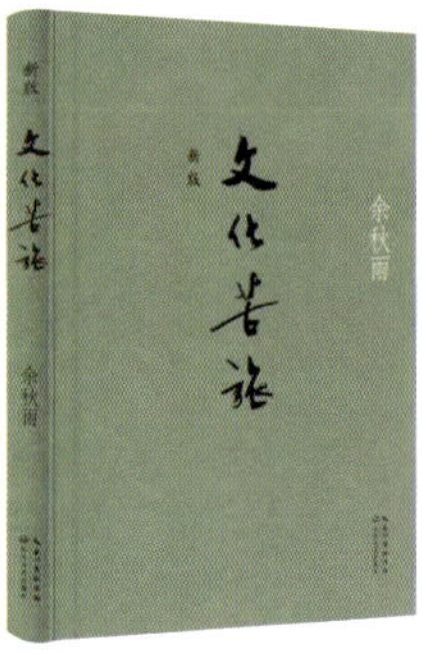

宫玉彬　长江学者特聘教授　60后

1992年硕士毕业的时候，我在《电子科技大学学报》发表了第一篇学术论文，这是在我青年时期印象最深刻的事情。

19世纪90年代余秋雨先生的《文化苦旅》，让我们在那个不富裕的年代，看到了外面的世界，领略了文化对推动人类历史进步的贡献。

余秋雨先生通过旅行，记录了旅途中的旅行心得。既是游记，又不同于一般的游记。欣赏景物不仅仅是用眼睛，而且融入了对历史的深刻感悟。

与做科研、搞教学，离不开参考文献一样，人生成长也离不开书籍。成长过程中要多读书，读好书，多读能够给我们带来启迪智慧之书。既要从文献中了解前人的工作，又要从前人的工作中得到启发，所谓“知表知里”。

贴近学生　承担责任

樊　华　副教授　80后

樊华老师被学生们亲切地称为华姐，还被奉为“模电女神”，她专业的民族唱腔经常在成电的舞台上赢得满场喝彩。

这一次华姐为同学们推荐了一本致辞集：《走不出的风景——大学里的致辞，以及修辞》。

这本书是作者苏力任北京大学法学院院长10年内的各种致辞汇集，主要是迎新和毕业致辞。苏力院长贴近青年人心灵的致辞在当时引起了校园轰动，并逐渐成为每年毕业季和迎新季，学生翘首期待的一道风景。

书中，作者与学生探讨了在大学期间应该思考的诸如责任、热爱、珍惜、如何关注热点等一系列问题。我相信这些内容无论是对刚进入大学还是即将走向社会的青年人都有很好的引导和帮助作用。

少要微信多读书 少点赞来勤思考

李　滚　教授　中国天文学会和中国宇航学会会员　70 后

我喜欢的书很多，读过的书很多，对我影响最深刻的是《红楼梦》，但是，在这里我要跟大家推荐另外一套书——《平凡的世界》。

2000 年初，父亲 60 多岁，买了一套《路遥文集》。晚上吃完饭，父亲就借着煤油灯昏黄的灯光给奶奶读这套书。他把《平凡的世界》《青松与小红花》《人生》都读过了，这是需要很长一段时间的。

不管家里经济多么贫困，生活多么贫困，父亲这种乐观向上的精神让我非常感动。我的父亲是小学毕业生，我的奶奶是文盲，一天学都没有上过。我常想，读书似乎可以忘记卑微和贫困，从而汲取生活的希望。

那时候，我已经出去读书十多年了，正在读研，放假回家，还能看见这样一番景象，在贫困的日子里，在昏黄的油灯下，父亲给奶奶读书，这使得我永远难忘，平凡的人阅读《平凡的世界》，每个人心中又有不平凡的世界，这也是我推荐这本书的主要原因之一。

4 年寒假，我回家放羊，在黄土高坡的怀抱中，在天寒地冻的北国风光里，我第一遍读《平凡的世界》。孙少平就是我，我就是孙少平。

小说以黄土地上农村生活为题材，生活在北方的农民的苦难生活，感染了无数的读者，小说中没有王侯将相才子佳人，人物都很平凡，但他们都对生活充满着美好的希望，都在用自己勤劳的双手创造未来，也就是说，不论结局如何，奋斗的人生才是有意义的，幸福是用勤劳的双手奋斗出来的，这也是这部小说最能打动人心的地方。

现在的大学生、研究生精神面貌都非常振奋向上。希望同学们多读书、读好书、好读书。我认为，读专业文献也是一种读书，书中自有真理在，在自己的专业领域开拓攻坚，这是我们的本职，也是我们理工科师生要读的“大书”。当然，在科学研究之外，我也建议同学们乃至所有工作人员，读一些文学、社科、艺术之类的书籍，这既是生活娱乐的一种方式，也会给我们的工作带来启发和灵感。

寄语

1. 少耍微信，多读书，勤思考，少点赞。八卦媒体如浮光掠影，很多作品我认为都是人工智能写作的，超级烂，不值得费眼神。

2. 多读思想深刻、难度大的著作，读第一手资料，而不是只啃别人嚼烂的二手信息。

3. 我们的生活中不应该光有微积分、量子力学和固体物理，还要有文学艺术和其他艺术。我们不但要做一名优秀的科技工作者，还要做一个有生活情趣的人。

坚持去寻找希望

黄　飞　斯坦福全奖博士　电子学院硕士生　90后

我很早就喜欢网球这项运动，后来因为一些原因，面临学业和网球的选择。

这是让我记忆最深刻的事情。这也让我明白了，人要学会取舍，人没有足够精力去完成所有的事情，每代人都有每代人的责任，只能选择一项成功可能性比较大的事情去做。

放弃网球非常痛苦，但我把它当成爱好，并没有完全放弃，希望继续保持下去。尽量把一件或两件事情做好，不要分散太多精力，不要觉得放弃一件事情很可惜，人在成长过程中是要放弃一些事情的，不可能完成所有的理想和梦想。

给大家推荐一本很老的书，台湾作家郑丰喜的《汪洋中的一条船》。

这本书讲的是一个先天患有小儿麻痹的小孩，通过自己不懈努力，成长为一个作家的故事。他的人生经历了各种各样的磨难，但是他一直都没有放弃，这也是作者的亲身经历。“我们不应该看到希望去坚持，而应该在坚持中去寻找希望。”不管遇到怎样的挫折，都要学会坚持下去，只要坚持下去了，总会看到希望。

谈到读书这个话题，拿我自身来说，非常汗颜，虽然以前非常喜欢文科，非常喜欢看书，但进入大学以后，作为一个理工科学生，花在看书上的时间很少。我作为一个代表，也反映出了现在很多学生真实的现状。特别是成为研究生以后，花在看书上的时间就更少，更多时间花在自己的专业上，看专业书、专业文献，做实验等等占用了大部分时间。

不一定要追求看很多很多书，像百科全书一样，什么书都涉及，但绝对不能不看，坚持去精读一两本书，提炼想法，获得感悟，是非常有用的。

附

碎片化阅读

陈思宇　“互联网 +”复合培养实验班本科生　90 后

对我影响最大的一本书是《Tuck Everlasting》（《真爱无尽》），这本书是我刚学英语时老师推荐的读物。这本书不仅激发了我通过文学作品来探索异国文化的热情和好奇心，就内容而言还给予了我不少哲学的启迪。

书名里的两个词恰好涵盖了主要出场人物和故事所探讨的哲学题：因为意外而不伤不死的 Tuck 家族，以及他们与女主人公 Winnie 一同对永生（Everlasting）这一话题的深入交流与艰难抉择。

当自己眷恋颇深的不死之人向自己抛出世界上最后一根“永生”的橄榄枝时，Winnie 的最后抉择非常耐人寻味。本书中，作者对环境描写拿捏得非常细腻，且故事前后频有照应，所以，在阅读的过程中，读者常有回顾原文、寻找线索的冲动，这也使得整部作品的互动感十足。

英文原版书具有更自由的表达空间，因此其语言会更自然丰富；而对于译本来说，在翻译过程中，如果译者对于原文本的细节和整体没有进行反复地对应，很容易将一些多义词误译，产生歧义，或者是使用一些作者自创的晦涩词汇，导致翻译缺失。而对于中文读者而言，阅读译本的一大优势，其实也是弊病，在于：中文语境下的意境联想实在是太丰富了。

我们在琢磨不同语言下的同一句话时，会有方向完全不同的联想。例如，很简单的一句“I' ll race you to the corner!”，对应比较基础的中文翻译可能会是“我们比赛谁先跑到街角吧！”，在这句译文中“我们”作为主体，实际上是遗失了原文中发言者为主、邀请倾听者加入的这么一层意思。虽然我们可以通过语境判断是发言者提出的邀请，但由此生发的对二人性格的评价会有程度上的差异。

很多新闻报道中都指出：“电子产品让年轻人越来越不喜欢看书。”但就绝大多数大学生而言，电子产品的存在只是在掩盖“没有明确想读书籍”的阅读状态。尤其是对于工科和理科的学生来说，因为专业对于课后钻研时间的要求，以及对最常接触书籍的限制，这些学生往往是：

（1）没有时间阅读（连沉迷电子产品的时间几乎都被剥夺，何谈读书）；

（2）存在对于个人渴望或需要阅读书籍的迷惘。

从另一个角度出发，电子产品的兴起对促进青年阅读也有不可替代的作用：碎片化阅读习惯。于是，部分具有专业文学修养和广泛阅读经验的新闻、媒体从业者，会在流量至上的工作需求下推出精简凝练的书摘、书评。这些便捷阅读会从兴趣和方向上帮助青年明确自己想要阅读的内容。与此同时，阅读部分书籍的目的其实就是形成简练、逻辑化、成体系的观点，所以，当“电子产品阅读”现象风靡后，青年也可以通过选择正确的推荐媒介来节省自己的时间、提高阅读效率。

无论是在物资匮乏的 19 世纪，还是在信息爆炸的当代，书籍总是扮演着启发者和引路人的角色。丰富视野、陶冶情操、提升修养，这些都是书籍带给我们的直观体会。我们通过书籍看到的不仅仅是故事，更是这个世界上的百态人生。而真正让我们感悟深刻的，是书本触发的对现实世界的思考，抑或是对自己生活的影响。

一本好书，犹如一坛老酒，初识时惊艳，再品则愈加醇香。无论是哪个时代，无论是什么年龄，书永远是陪伴我们的挚友，永远是人生的良师。愿每个人都能在书海中轻松自在，畅快遨游。

考研人

细谈备考期的涅槃重生

策划 | 鱼泡泡　Silence
文字 | 凌荣勋　李美萱　肖紫嫣
摄影 | 刘晨曦（部分照片由受采者本人提供）
整理 | 鱼泡泡　KIA

不知不觉，已至十月下旬。备战考研的你是否信心依旧，能量满满？我们聚焦优秀考研人，为正值考研的你减轻前行羁绊。给自己十分钟休息时间，这位学长的考研故事或许会为你带来不同的感悟。

裴浩然

· 2014 级本科
集成电路设计与集成系统专业学生

· 2018 考研
微电子学与固体电子学专业
最高分（369 分）

· 师从贺雅娟副教授

· 数字电路方向

考研的初衷　考研想法的萌生

读研可能不是最佳答案，但一定是众多选择中的较优解。众所周知，包括微电子在内的众多行业，无论是在产业界做项目，还是留在学术界做科研，继续深造都是一条必经之路。其次，对我自身而言，本科毕业并没有强烈的就业意向。选择读研，未来的人生可以多一些筹码，今后的道路也会多一些选择。总之，是多方面原因促使我选择考研的。

备战的战线安排

充分了解自己，选择最合适自己的方法。对一般人而言，越早复习，准备时间就越充分，但战线过长也可能会倦怠，从心底产生排斥感。开始得晚，虽然时间更紧张，但是也可能激发出更高的效率，因此，也不一定全是坏处。

拿我举例，新东方的英语单词书一共有五十个 list，九月份的时候，我才背了十一二个 list。当时数学刚好复习到微积分上册，概率论也只复习了一点，其他部分其实都是在九月份之后复习的。这种情况下，要对自己有足够的自信，这样才能有力量支撑着你一路走下去。但是，一切的自信都应该建立在自知、自律的基础之上。

考研期间的作息

希望大家早睡早起，充足的睡眠才能保证高质量的学习。当然，时间安排应该建立在对自身的自制力、学习效率有清晰认知的基础上。

就我自身而言，因为学习是有惯性的，九月份之前，我一般会花大块的时间在数学和英语上。一段时间专注学习一门知识会加深对这门知识的理解。十一月之后进入高强度的复习阶段，就需要根据考试安排调整作息。比如，数学是从上午八点半考到十一点半，但其实你需要起得更早，毕竟生理状态需要一个充分适应的过程。考研复习后期因为涉及多个学科的交叉，所以，要有计划地进行复习，需要有一个系统的时间表，不能再花成块的时间来复习一门，这样会有点得不偿失。

一般来说，我在早上八点多进入学习状态，基本上是上午三个小时，中午休息一会儿，下午四个小时，晚饭后一到两个小时不等。有时候状态不好就不再学了，去健身或者看电影。适时调整自己的身体状态也很重要。

团队复习

我一直觉得考研备考的时候找一个团队是比较好的。有些同学相对独立一点，很多事情喜欢独立完成，和同学之间也没有资源共享或者学习交流。但，我还是建议大家要冲破隔阂，学会分享。毕竟一个人坚持下来备考是很累的，对身心都是巨大的挑战，这个时候大家相互鼓励、相互拉扯其实很重要，也很正能量。

学习方法

考研期间我报名了“曾哥班”，曾哥的一些题目难度可能高一点，但其实方法都是普适的。不拘泥题目的具体形式，擅于总结解题思路和方法是非常重要的。题型虽然重要，但其实最关键的是要训练思维方式，这样就能保证你遇到新的题型也能做出来。

考研的资料“肖四”“肖八”也是必备的，大题是必须要背的。当然，学习政治的方法不光是去背，更是要学会去总结归纳、概括要点。专业课建议大家不要光看书，要擅于把知识点梳理一遍，没有系统的框架就不会认识得更清晰。

关于学习地点，有一些同学会早起去图书馆占座学习。当然，图书馆的学习条件确实非常好，但不一定适合每一个人。我当时觉得图书馆人太多了，而且室友刚好喜欢去外面学习，寝室就空出来了，因此，我就留在寝室学习。重要的不是在哪里学习，而是让自己的心静下来，学下去。

其次，我一直觉得考研虽然需要专注，但也不是要把每一分每一秒都花在上面，一是没效率，二是不值得。给自己留一定的时间去调整心态也是很重要的。

考研时的心态

要对自己有足够的信心，但是更重要的是高效地执行。

考研虽然很艰苦，但也是一个成长的过程。

我特别佩服我们班一个同学，他考研的周期比较长，而且有条不紊。但是，他考研只考了一天，第二天直接就放弃了。后来，他说他在这个过程中找到了真正的自己，第一天考下来觉得他自己不适合考研（但并不是临阵脱逃，他考了的两门科目成绩都非常好）。所以，我很佩服他，这也是我说的在考研期间会有所成长。

有时候，我们走在路上，可能会忘了起点，忘了自己为什么出发，只是一心望着目标和终点。但是，有时候，更需要在意的是，在这条路上收获了什么。

去年这个时候我刚好在看《一个人的朝圣》，我觉得和考研挺贴切的。一个人坚持下去需要无穷无尽的勇气，不用太在意结果。这不是一句安慰大家的话，因为在考研复习阶段，你所经历的、承受的以及冲破的束缚，对心理上压抑的排解，都会让自己成长。

此刻正在奋斗的学弟学妹们，一路走来虽然很苦，但是别忘记路上的风景才是最美的。不要为了考研而考研，怎样去度过这两三个月的时间才是最重要的。生活还是生活，考研不过是其中一段插曲。不论结果如何，这一路的困惑、彷徨、坚持、奋斗，我想，一定会在某一时刻使你涅槃成长。

平时有什么问题也可以联系我，祝学弟学妹们考研成功！

干货 | 电子学子求职经验分享

策划 | 暮　冬　JUKE
编辑 | 蒲公英　Yls_z

Easy

Interesting

Difficult

面试，Easy、Difficult or Interesting?

历来都是一个颇有争议的问题，谈到面试的过程和结果，总是有人欢喜有人忧！

别着急，别害怕，面试，其实并没有我们想象中那么恐怖，不要自己先在心中筑下一道高墙，让自己止步于前，错失了好机会。

小编特地邀请到了学院几位号称 offer 收割机的研究生师兄师姐，涉及数字验证方向的 @ 考拉师兄、微纳器件方向 @ 嘿嘿少年（销售岗）、数字 IC@ 城之内、@ 板栗仔、模拟电路方向 @ 小红帽、@ Chelsea 等，为大家带来独家的面试经历分享会，小编们针对大家都最关心的问题，向师兄师姐们求取“真经”，希望能够对大家有所裨益。听完了师兄师姐的分享，一定能够对面试和自己未来的工作方向有更清晰和更准确的认识。

E 事君：师兄师姐，请问下你们都分别面试了哪些公司呢？

@ 考拉师兄：研究生期间我主要做的是集成电路的验证工作，所以面试了一些提前批的公司，包括大疆、比特大陆、汇顶、oppo、乐鑫、复旦微等。

@ 嘿嘿少年：面试的公司不多，大约有 6 家，不过基本上面过的公司都中了，嘿嘿。（此刻师兄脸上洋溢着无处藏匿的笑容）

@ 城之内：面试的有华为海思、中兴、寒武纪、中物院微太中心、TI、矽立杰、MPS 等。

@ 小红帽：紫光、杰华特、圣邦，前一段时间来面试的公司挺多的。

@ 板栗仔：主要是一些研究所，大小公司都有吧。（大公司 or 小公司，自行区分）。

@Chelsea：我一共面试了 6 家公司哦。

E 事君：那么面试不同的公司，需要准备的材料和了解的信息有什么区别吗？

@ 考拉师兄：我没有刻意花时间去准备，以前师兄师姐找工作时自己就会打听一些消息，主要还是要把自己的项目做好，了解公司最近发展的一些消息即可。

@ 嘿嘿少年：我面试的是非技术岗位，所以没有过多准备笔试，只是准备好自己的简历，网上查阅公司信息，咨询师兄师姐去了解公司的氛围。

@ 城之内：我所面试的岗位都是数字 IC 岗，所以准备的东西都基本一样。

@ 小红帽：其他的准备和大家应该都差不多，主要是准备自己的项目，面试的时候要能说得清楚。

@ 板栗仔：基本都是一些重复的东西，个人简历、四六级证书、成绩单，基本很少有面试就要求其他材料的。

@Chelsea：其实，只要确定好自己想要从事的职位及相关知识，面对不同的公司的时候只要提前了解他们公司的业务产品及企业文化就可以了。

E 事君：可以跟师弟师妹们分享下你们的一些面试经历或者面试过程中的有趣的事情吗？

@ 考拉师兄：面试经历，其实主要重心还是在于项目经历。到了面试的环节时，很少有面试官再去问一些刷题的细节，主要还是看你参与过什么项目，主导过什么项目。在和面试官讲的时候，要突出自己与别人的差异性，你用什么不同的办法去解决了什么问题，你的思考过程是怎样的，如何发现问题，如何确定问题所在，最后又是如何解决这个问题这样一个连贯的过程。把这一点阐述清楚，就足以证明你有能力承担一定的任务并且能很好地解决问题，面试官就会对你青睐有加。

@ 嘿嘿少年，我先跟大家分享一下华为公司吧。我面试的是销售岗位，一共有三面。首先是群面：群面的面经网上有很多，我就不献丑了（师兄相当谦让啊）。不过，有一点对于华为群面可以提醒一下大家，华为群面（目的是为了排除差生），基本上只要不太嚣张、怼天怼地，或者压根对团队没有任何作用，都能顺利通过面试。然后是业务面试和综合面试：这两关面试内容基本一样，准备好自己的简历，然后看一下宝洁八大问，就没什么问题。此外，了解一下华为公司业务。特别需要提一点的是，综合面试会有压力面试，这个时候我的建议是稳住，不要惊慌失措，稳住了你就通过了。对了，回答所有的问题，建议分点回答，条理清晰，通过概率会很大。

@ 嘿嘿少年：比较有趣的就属 TI 的面试，公司特别大气，往返飞深圳，机票公司会直接买好，但是，最后一面是销售模拟，难度系数非常高，面 FAE（现场应用工程师）和 TSE（技术销售工程师）的同学要做好心理准备。不过，待遇是非常棒的。

@ 小红帽：前面如果有技术面的话其实也谈不上有太多有趣的东西，但是，后面会有主管来面试你，这个时候他们问的问题就不局限于专业上的东西了，聊的内容范围比较广，我本身也特别爱和别人聊天，有时候就会聊到自己看过的书，反正主管的面试感觉都还挺有意思的。

@ 城之内：在我去面试深信服公司时，遇到了一位面试的男生，聊着聊着发现人家原来是清华的，只是家在成都，便来投简历玩玩。（哈哈，请自行揣摩师兄此刻的心路历程）

@ 板栗仔：印象比较深刻的是某器件公司，有幸可以去参观产线，虽然后来因为待遇等问题没有谈妥，但是这次参观产线确实让我开了眼界。还有，就是某研究所的网上简历提交时，必须填写高考成绩和所在省份排名，否则将无法进行下一步，不禁回忆起了 6 年前高考的那个夏天，真是岁月匆匆。

@Chelsea：之前投递了一家银行类的金融科技岗位的管培生岗位，非技术类别的。这应该是我经历的最严格的面试。一面是 3 个面试官，面了 1 个半小时；二面还让我写了一篇与该岗位相关的小论文，然后又是 3 位面试官面试，这一次面试时长 2 个小时。由于时间过长，面试官真的问得非常细致，全都是专业相关的知识，我也有很多没有答上的问题。但也正是这次面试，让我知道了自己的薄弱点在哪里，在未来应对同样类别的问题时能够更加从容应对。所以，前期一定要多多面试。

E 事君：有没有面试官提出过一些比较困难的问题，或者一些比较奇葩的问题之类的？

@ 考拉师兄： 对我而言，技术方面的问题对我没有太大困扰，你只要如实将自己的想法表达清楚便好。比较难回答的是在一次面试中，面试官问到，如果你发现你的同事总是划水，你是应该跟上司报告呢？还是要维护同事关系选择不去拆穿这件事情？（这个问题可得好好斟酌一番再回答）

E 事君： 冒昧问一下师兄师姐，现在有选好心仪的 offer 吗？可以给之后也要同样面临就业问题的学弟学妹们一些建议吗？

@ 考拉师兄： 我最终选择了大疆。我拿到的其他几个 offer 也都是很好的，我也咨询了很多身边的人，但别人更多的只是给你一个建议，最终做出选择的还是我们自己。最终选择大疆的原因是第一印象比较好，觉得这是一个尊重技术的公司，大疆的理念是“The Future of Possible”（未来无所不能）。我之前了解过大疆的一些发展历程，我觉得我与这家公司很合适。虽然去了以后在大疆做的一些项目和我现在的一些项目可能有一些出入，但能够学到更多的知识，能够认识一些和我有相同理念的人，能够一起去奋斗和拼搏。

找工作虽然整体而言是具有一定偶然性的，但是，有的时候也看你跟面试官的缘分。除了刷题、揣测面试官的意图，更要保持自己的初心，专注于自己经手的项目，这样才能让你自己不管在什么样的环境之下都能保持从容，你的收获也才会是最大的。虽然说目前的互联网和 AI 都很好，很吸引人的眼球，但我还是希望大家仔细评估各个方面，我是不反对转方向的，但要对自己有一个正确的评价。你转方向后也应该是一个很从容的过程而不是很狼狈、很艰辛，不要到时候邯郸学步，顾此失彼。

@ 嘿嘿少年： 我目前考虑得差不多，但是不方便透露，建议就是在签约的时候，要综合考虑下各种因素，比如你确定你通过这个工作，在 10 年之后能够获得你想获得的，或者过上自己想要的生活。不要只看眼前的工资，眼光要长远。

@ 城之内： Offer 还是有一堆的（注意是一堆），但是最心仪的没有，建议就是投技术岗的师弟师妹一定要将自己简历里的项目理解清楚，就算是和面试岗位无关的科研经历也要讲清楚，这是向面试官展示你的思维能力和做事能力，这一点比专业对口更重要。

@ 小红帽：目前已经考虑得差不多啦。建议的话，基本功很重要，首先专业课的基础一定要打扎实，其次就是做过的项目一定要能说清楚、讲明白，最后就是要把简历写好。每个问题面试官都有可能问到，准备充分之后以一个良好的心态去面对就好啦。

@Chelsea：选好了，已签三方。我的建议就是，首先一定要准备好自己的简历，简历上的项目与实习经历都要量化，用数字展示；其次，要非常熟悉自己所做的项目与相关知识，你写在简历上的每一个细节都可能被面试官一直挖掘；最后，要多投多面试，面多了就有感觉啦！

@ 板栗仔：目前还没有最终确定，但是已经和某单位有了一些初步的沟通与确认，不过，因为个人原因还需要进行等待与选择。希望学弟学妹们排开一切干扰，想想自己今后需要怎样的生活，再去选择第一份工作。因为第一份工作虽然不一定做到底，但是它的类型与环境很大程度上会影响到今后的人生走向。

听完师兄师姐的分享，面试的重心在哪里，想必已经一目了然了，小编们深有感触，项目经验、思维能力、综合素质这些都是拿到好的 offer 必不可少的条件，那么就好好把握当下，不断提高自身实力，在未来面试的时候，也能如师兄师姐般沉着应对，拿到自己心仪的 offer。

特别感谢以上几位给我们分享经验的师兄师姐，也祝愿所有正在找工作的同学们都能一帆风顺，如愿以偿。未来无限可能。

FIVE

chapter

……

三全育人

党建标杆，电子在行动

电子学院：育人之根深植科研沃土——电子学院扎实推进“科研育人”，带动“三全育人”整体建设

黄　飞：拿下斯坦福全额奖学金博士名额，这个成电研究生用实力诠释了优秀

硕士生专访　牛胜普：不忘初心，方得始终

本科生专访　杜新川：我电本科生在国际顶级刊物发表一作论文，他是如何做到的

继往开来，电子学子勇创佳绩

电子星力量

党建标杆，电子在行动

电子学院党委入选首批全国党建工作标杆院系

2018年12月上旬，教育部公布了新时代高校党建示范创建和质量创优工作评审结果，电子科学与工程学院党委入选“全国党建工作标杆院系”培育创建单位。

电子科学与工程学院党委以质量建党、制度治党为根本，以典型示范为引领、以“微梦”党建委员会为依托、以学习宣传平台为载体、以“三全育人”综合改革试点为契机，构建了“四个工程”“三个板块”“两个机制”“一个落脚点”的党建工作体系。

学院着力推进“四个工程”，包括“核心作用强化工程、理论武装提升工程、第二课堂育人工程、教师队伍建设工程”，充分发挥党委的政治核心作用，进一步加强师生政治理论学习与实际运用，深入挖掘各类思政元素，深化教师队伍建设。学院全力打造“三大板块”，一是政治建设方面，方向把关到位、落细落小；二是思想建设方面，打造电子特色党建品牌；三是组织建设方面，发挥老院士党员模范带头作用，探索党员先锋培养模式，做到政治把关到位，思想政治工作到位，基层组织建设到位。学院进一步形成“两个机制”，做到党组织领导和运行机制完善，党风廉政建设监督机制建立健全。学院全面聚焦“一个落脚点”，坚持党管人才原则，弘扬科技报国情怀，投身国家国防建设，助力国家改革发展。

教　育　部　办　公　厅

教思政厅函〔2018〕43号

**教育部办公厅关于公布首批全国党建工作
示范高校、标杆院系、样板支部
培育创建单位名单的通知**

各省、自治区、直辖市党委教育工作部门，新疆生产建设兵团教育局，部属各高等学校党委、部省合建各高等学校党委：

根据《中共教育部党组关于高校党组织“对标争先”建设计划的实施意见》（教党〔2018〕25号，以下简称《实施意见》）和《教育部办公厅关于开展新时代高校党建示范创建和质量创优工作的通知》（教思政厅函〔2018〕23号，以下简称《双创工作通知》）安排和评审工作方案，经资格审查、专家通讯评审、教育部党建工作领导小组成员单位集中审议、结果公示，遴选产生10个高校党委、100个院系党组织、559个党支部分别作为全国

首批“全国党建工作标杆院系”培育创建单位名单

（排名不分先后）

单　位
北京大学化学与分子工程学院党委
清华大学电子工程系党委
中国人民大学财政金融学院党委
北京师范大学文学院党委
四川大学马克思主义学院党委
电子科技大学电子科学与工程学院党委
贵州师范大学地理与环境科学学院党委
云南大学公共管理学院党委
西藏大学经济与管理学院党委

相关链接

新时代高校党建示范创建和质量创优工作由教育部思政司组织实施，经资格审查、专家通讯评审、教育部党建工作领导小组成员单位集中审议，遴选产生了10个高校党委、100个院系党组织、559个党支部分别作为全国党建工作示范高校、标杆院系、样板支部培育创建单位。

电子学院党委和教工微电子系 1 支部分别入选校级“对标争先”“标杆党委”和“样板支部”

2018 年 11 月中旬，根据《中共电子科技大学委员会“对标争先”建设计划实施方案》（党组【2018】60 号）要求，经材料评审、现场答辩、学校党委常委会审议、结果公示，电子科学与工程学院党委入选“对标争先”“标杆党委”，电子学院教工微电子与固体电子系第一党支部入选“对标争先”“样板支部”。

学院党委结合学院四年目标，以“对标争先”为契机，进一步完善制度建设，建立长效机制；践行“走心”党建文化理念，建好班子、带好队伍；整合资源、搭建平台，致力探索科研育人模式；在服务社会和服务师生的支部活动中，培养新时代“有理想、有本领、有担当”的青年一代，造就一支“有知识、懂技术、勇创新”的电子信息行业后备生力军和社会主义的建设者和接班人；助力国家科技强国战略，提升关键核心技术创新能力，把科技发展主动权牢牢掌握在自己手里，在科技保卫战中深入推进党建质量，提升攻坚能力。

教工微电子与固体电子系第一党支部隶属于电子科学与工程学院党委，共有正式党员 18 名，其中 16 人为电子科学与工程学院在职专任教师，2 人为退休教师。支部委员会由支部书记、组织委员、宣传委员 3 人构成，下设党小组两个。支部是一支政治过硬、朝气蓬勃、求真务实、奋发有为的先锋党员队伍，获得了国家科技进步二等奖等诸多荣誉，涌现了一批业务能力突出、深受学生爱戴的先进党员。

相关链接

学校党委按照教育部党组要求，积极组织党建工作标杆院系、样板支部的申报、推荐和建设工作，并以此为契机在全校各级党组织中深入开展“对标争先”创建活动，遴选确定了第一批“标杆党委”创建党组织 3 个，“样板支部”创建党组织 6 个，培育创建党组织若干。

电子学院：育人之根深植科研沃土

——电子学院扎实推进“科研育人”，带动“三全育人”整体建设

文｜杨丽可　涂梦

“本科生”“首次”这两个关键词指向杜新川，这个圆脸上嵌着一双聪颖眼睛的男孩。

近日，作为电子科学与工程学院2015级本科生，他在《德国应用化学》上发表了一篇高水平论文。这是我校本科生首次作为第一作者并以学校为第一作者单位在该顶级期刊发表论文。创造历史的杜新川说：“我能发表这篇论文，离不开导师熊杰教授以及课题组的老师、师兄们的耐心指导和帮助。”

“幼苗”的茁壮成长离不开科研沃土。电子学院坚持从抓规划、夯基础、建平台、强团队等方面下工夫，打造高水平的支持体系，扎实推进“科研育人”，带动“三全育人”整体建设，为科研“幼苗”提供了肥沃的土壤，无数个“杜新川”正在茁壮成长。

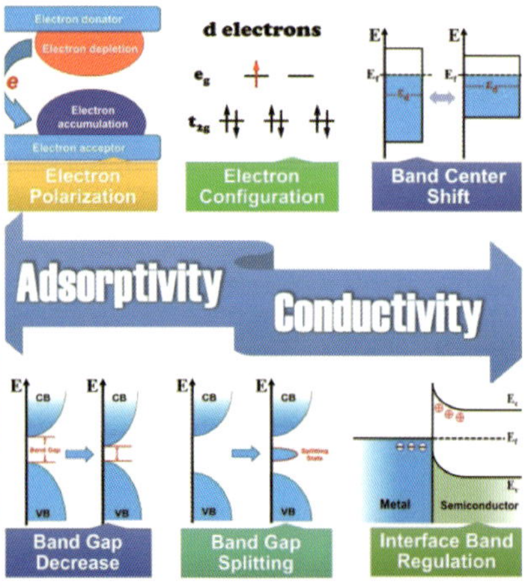

创新构建“科研+”的育人体系

“如何结合学院的特色开展‘三全育人’工作，培养人、塑造人呢？”“我们要坚持正确的政治方向，加强思想价值引领，用‘科研+’来‘串起’学院整个育人体系，推动形成全员全过程全方位育人格局，实现一流的科研、一流的人才、一流的学院。”学院党委书记李雪梅说。

这样具有创新、探索、可借鉴意义的育人体系与学院的基础特色密切相关，“电子科学与技术”学科评估获A^{+}；电子科学与技术一级学科下设五个二级学科，有四个国家级科研平台，杰出人才占专任教师21.6%；刘盛纲院士团队入选首批全国高校黄大年式教师团队；陈星弼院士入选ISPSD首届名人堂，成为国内首位入选名人堂的华人科学家。

明确顶层设计，夯实育人基础，学院迈开了改革探索的步伐——组建学院科研、科教协同育人领导小组，建章立制，进一步明确思想政治表现、师德师风、学术诚信的要求，改进科研项目管理和科研工作评价体系，凝聚全院教学、科研、学生各部门共同的力量，推进“教研一体、学研相济”的科教协同育人，

总思路：创新构建“三全育人”体系

宏观

统筹协调学校、家庭和社会的育人资源，构建育人共同体

中观

以课程、科研、实践等“十大”育人体系为基础，促进知识教育、价值引领和能力培养有机结合

微观

充分挖掘各项工作蕴含的育人元素和育人功能，实现“一体化育人”

培养师生“至诚报国的理想追求、敢为人先的科学精神、开拓创新的进取意识和严谨求实的科研作风”。

全力打造“五大科创平台”

2018 年夏天，在第二届全国大学生集成电路创新创业大赛全国总决赛上，来自电子学院的“电子科技大学 RLZ 队”获得大赛“ADI”杯特等奖，“IEEE 全球极限编程大赛”连续三年取得全球前十的好成绩，IEEE 分会等师生共同努力搭建学生科技竞赛活动平台，持续推进学生科技创新能力提升。这正是学院在“科研 +”的顶层设计下，积极打造“五大科创平台”的阶段性成果。

“五大平台”如同可拾级而上又互为呼应的山峦，呈现给学子不一样的科研风景，吸引他们不断探索科学的奥秘。

“启迪科学兴趣保障平台”搭建了学子进入科学世界第一阶梯。以高水平科技竞赛为牵引，借助学院科研实验硬件基础，聘请 21 位专业教师担任指导老师，从课堂教学、比赛指导、资源整合、平台搭建、创业帮扶等多方面为学生搭建创新训练体系。目前，本科生 100% 参与创新基金项目或课外科技竞赛，研究生科研实训覆盖率 100%，科技竞赛获奖人次超 200 人，国家级、省部级竞赛获奖等级、获奖人次均是全校第一。

“激发创新能力保障平台”让学子们与学院“大牛”团队近距离接触，与真正的科研更近一步，面向本科生实施综合导师制、举行团队开放日、发布科研课题等措施。目前，已有新生 2000 余人次参加了科研认知启梦教育活动，400 余人次参加了科研团队开放日活动，200 余人次报名参与科研课题。越来越多的本科同学在导师的指导下，在团队的熏陶中，努力钻研，发表了高水平的论文。

“提升工程素养保障平台”将科研育人的基地延伸到校外，建立了校外生产线实践基地。每年组织 400 余人到中电集团、华为、芯原、珠海元盛等公司，深入设计、生产、市场一线调研学习。2018 年暑期，学院选派近百名研究生赴北京、南京、西安、合肥、重庆等多地参与国防企业开放学习，详细了解我国电子学科的发展，深刻体会青年人在国防事业中的价值和意义。

“拓展国际视野保障平台”为学子们打开了面向国际科技前沿的窗口。学院教师积极拓展国际合作项目，比如，与美国耶鲁大学合作的科研实训项目、与美国麻省理工学院合作的科研实训项目、与阿卜杜拉国王科技大学合作的暑期实训项目、与英国卡迪夫大学合作的集成电

路暑期学校等，共签订国际交流项目和联合培养项目近20项。胡俊教授、毕磊教授等老师联系并全额支持本科学生前往密苏里科技大学、MIT等一流名校开展3个月以上的海外科研实训，提升学生的国际视野和学术水平。

“学术氛围营造保障平台”逐渐在学院形成“崇尚学术、科研报国”的学院文化氛围，潜移默化地影响着莘莘学子。学院邀请诺奖获得者、院士等国内外学者及行业工程师全员全方位践行科研育人。2018年共开展“电子论坛”“成电芯论坛”“IEEE精英学者沙龙”“我和导师有个约”等共计67期，覆盖学生4000余人次。聘请学院43位国字号人才担任“林为干班”导师，全面助力本科精英人才培养。

引导科研团队承担“育才”使命

“要培养好学生，就要多和他们在一起。”张晓升教授把自己的办公桌搬到了学生中间，经常和他们交流、学习、研究，鼓励他们勇攀科研高峰。今年5月，张晓升教授课题组成果发表在纳米科学技术领域重要期刊《Nano Energy》上。

青年教师带动科研团队的“育才”工作，正是电子学院充分发挥大团队优势，勇担“育才”使命的体现。

以刘盛纲院士为带头人的太赫兹科学技术研究团队、以张怀武教授为带头人的磁电薄膜与微型器件团队、以樊勇教授为带头人的毫米波技术与系统应用团队、以张万里教授为带头人的电子功能薄膜与器件团队、以杨仕文教授为带头人的电磁辐射与散射团队、以罗勇教授为带头人的大功率毫米波技术团队……各大科研团队都在“育才”中潜心探索，发挥重要作用。

“面向世界科技前沿、面向经济主战场、面向国家重大需求”，学院各大科研团队胸怀报国之志、育人之心，建设“老—中—青”的人才梯队，围绕“大项目—大队伍—大成果”重要科研链，实施创新研究，形成“追求卓越、严谨求实、团结协作、开放包容”的团队文化，潜移默化地培养着学生潜心钻研、求实创新的精神。2018届研究生赴国家重点单位就业率达到50.26%，在团队和老师的引导下，电子人正奔赴到国家最需要的地方去建功立业。

邓龙江教授介绍说，一方面，团队通过小组周会制、大组月会制、中期中心汇报制，加强团队对学生的学习和思想引导，突出科研育人

导向，严格管理，激励优秀；另一方面，团队建设与党组织活动相结合，由学生支部承办的“ERC 学者讲坛”“研究生学术沙龙”等系列活动，发挥学生党员的先锋模范带头作用，营造团队积极向上的学术氛围。张波教授介绍说，团队形成了“导师指导＋团队培养”的人才培养模式，向低年级学生开放科研选题，团队教师参与研究生培养全过程。同时，团队以学生为主成立了学术委员会，定期开展科研、学习、生活交流。罗勇教授团队，今年已面向本科生发布近 20 项课题，学生踊跃报名，最大程度满足学生的科研追求。

带动“三全育人”整体建设

“科研＋”的顶层设计凸显了学院特色，营造了育人氛围，带动“三全育人”综合改革整体推进。

课程育人方面，学院通过举行“课程思政”教育教学改革专题研讨会、学院党委书记、分管教学的副院长多次与新生研讨课、学科基础课、专业课课程组代表老师们的深入交流，从教学改革时代背景、院级课程思政建设筹备工作到教师的社会责任、教学改革的途径以及如何给予课程思政建设立项等，进一步挖掘专业课程的育人功效，推进课程思政教育教学改革。

网络育人方面，构建“院领导班子、辅导员工作队伍、教师家长群体、学生骨干”“四位一体”的网络文化育人平台，依托学院官微“微观 E 事”，打造“相约 ESE”“电子星力量”“电子人的一天”等品牌，开展“ESE 演说家”“钧业讲堂”等 48 期活动。

实践育人方面，以“不忘初心，情系祖国”为主题组织社会实践系列活动，精心打造“助力精准扶贫”“服务乡村振兴”“红色青年筑梦之旅”“筑梦中国芯”“‘一带一路’海外实践”五大板块社会实践项目，2018 年，共有 32 支队伍，覆盖千名师生。

本科生专访

杜新川：我电本科生在国际顶级刊物发表一作论文，他是如何做到的

文字 / 采访｜谢雪霞　李成鹏

人物简介

在认真读了上千篇文献并在文中引用其中近 200 篇后，电子科学与工程学院 2015 级本科生杜新川以第一作者的身份，在《德国应用化学》（Angewandte Chemie International Edition）上发表了综述论文——《无机纳米材料的电子结构调节》。

《德国应用化学》是目前国际化学领域最具影响力的综合性刊物之一，这是成电本科生首次作为第一作者并以电子科技大学为第一作者单位在该顶级期刊发表学术论文。

创造了历史的杜新川已经记不得自己在进入教研室后共读了多少文献。如今，他已成为我校的一名直博生，笃定将科研作为自己长期奋斗的事业。

他始终牢记着“非关因果而修善，不计功名始读书”这句话，认为“人生不设限，方能无极限。不断尝试，找到自己的人生使命，然后风雨无阻地朝目标走去。努力坚持的人，运气都不会太差”。

01 敢于不断跳出舒适区，活得才有意思

“科研让我每天都能学到新的东西。”

大学前三年，杜新川交出了一份优异的成绩单：三年专业综合排名前 3%，三次获得国家奖学金，在 SCI/ 核心期刊发表论文 5 篇，获得国家授权专利 7 项，获得全国大学生电子设计大赛二等奖。作为党员，他还加入了校“立人班”，并带领学院 IC 科协团队获得 3 项国家奖、6 项省级电子设计奖项。

但杜新川从不认为成绩源于自己的学习时间比别人多，或天赋比别人高。他更愿意相信这是因为自己喜欢跳出舒适区，不断寻求新的挑战的结果。

“我不太喜欢天天重复自己喜欢做的事情或者会做的事情。”他的人生哲学是：“人生在世就这么几十年，不要总处在一个很舒适的环境里。寻找新的东西才能让自己成长，这样活得才有意思嘛！”

而科研刚好契合了他对自己人生的种种设想，“科研本身是一个

△杜新川正在进行电子设计

不断尝新的领域，我会在我的研究方向上不断去尝试新的东西”。

IC 科协每年招新都会吸引一百来号人加入，但能坚持到大四的只有七八个人；有不少人和杜新川同一批加入学院熊杰教授课题组，最后留下来的只有三个人。因为科研让杜新川觉得“每天都能学到新的东西”，所以他理所当然成为了留下来的那个人。

大学期间，他把每个暑假都花在了竞赛与科研上。本科阶段的扎实开拓，让杜新川没有同龄人身上那种对于自己未来的焦虑感。“把青春最宝贵的时间献给最喜欢的事业，我不后悔。这个诱惑足以让我放弃其他的一些东西。”

02 学习和科研要找到最适合的环境

“为了避免赖床，我们每天下床关闹铃。”

杜新川不只一次强调，良好的学习和科研环境尤为重要。

“本科生要尽量少泡在宿舍。电脑旁边可能就放着手机，或许还有零食，诱惑太多，根本没法专心学习。”宿舍成为滋生慵懒的安乐窝，杜新川所在的寝室也不能免俗，但四个人至少在与赖床作斗争的过程中达成了共识。

他们的解决办法是：早上必须下床关手机闹铃。

“我们寝室是四个人在睡觉前把手机扔在下面一张椅子上，第二天一早大家只负责关自己手机的闹铃。只要你下去关了手机，就很难跳上去继续睡，至少继续睡的可能性会少一半。”

除了几位好室友，杜新川认为，IC 科协和课题组里团结协作、互相学习的氛围，给自己的成长带来了很大的帮助。“在大学找到志同道合的小伙伴是一件很重要的事，你能在这个集体找到一种归属感。”

在 IC 科协，大家围绕着电子设计竞赛的共同目标，一起设计、欢笑、打闹，互相帮助和共同进步。课题组里，气氛也十分融洽，师兄师姐们和杜新川一起探讨问题、修改文章。科研之余，教研室也会举办不少有趣的活动：创办组内期刊、中秋节月饼厨艺大赛、定期团建活动等，师兄师姐们并没有将这位年轻好几岁的本科生看作“小白”，而是真正当朋友去对待。

杜新川说，刊登在《德国应用化学》的那篇论文，离不开大家一遍一遍认真研究和修改，“我能发表这篇论文，课题组的老师和师兄功不可没。”

良好的环境给了杜新川不断进步的空间和动力。杜新川说：“找到最适合的环境，在高效的状态下不断挑战新的东西，不知不觉就会完成很多项任务，取得意想不到的收获。”

他也决心让这样的氛围继续延续，并说道：“我以后对学弟学妹也会倾心相助，将这份品质在成电校园一直传承下去。“

03 一定要耐着性子打牢基础 “基本功的培养很重要”

从大一时的科研“小白”，到大四开学就发表高水平论文，杜新川认为，熊杰教授的培养理念为自己的学习和科研奠定了坚实基础。

因材施教、培养能力一直是熊杰教授培养学生的基本准则。杜新川是一位喜欢自己动手尝试的人，但熊杰当初并没有让这位颇具潜力的弟子直接动手做实验，而是要求他在前三个月不断阅读文献、查资料、

△杜新川（左二）和 IC 科协成员合影

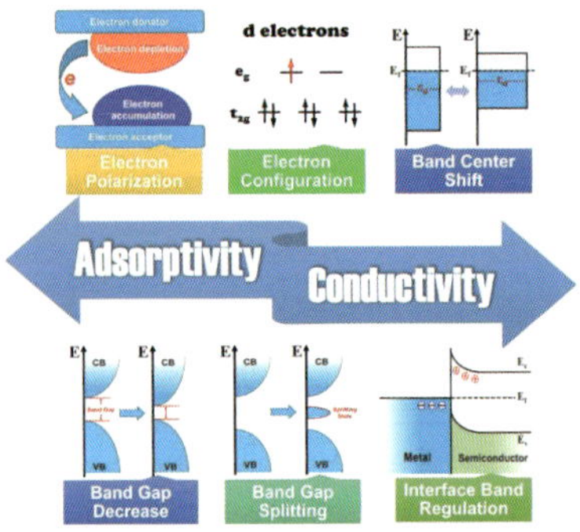

△杜新川在论文中展示的研究成果

写报告，自学一些之后会用到、但本科阶段还没有学的知识。

杜新川也坦言，后来回头才发现这些基本功和基本技能的培养是多么的重要。

在这个天天啃英文文献，遇到不懂的问题还要自己去调研的过程中，杜新川耐住了喜欢动手的性子，坚持了下来。这不仅让他对一些研究方向有了更加深入和系统的认知，也为今后的研究打下了坚实基础。这次发表的论文，便很大程度上受益于熊杰教授循序渐进的培养模式。

杜新川说：“在课题组里，我最先获得的是终身学习的理念和高效获取信息的能力。”

对于困扰不少人的文献阅读、信息检索和自学课程等难题，杜新川都给出了自己的建议：

对于阅读英文文献——“可能刚开始的时候会很痛苦，你会发现大量的专业词汇不认识，但是只要熬过这个困难期，你会发现大部分文章都有自己的‘套路’，只需要抓住关键的结构以及数据，你便能很快抓住一篇文章的核心，这样阅读文献的速度自然也上去了。”

对于检索信息——“遇见大量不知道的问题都需要去网络上查找资料。面对参差不齐的网络信息，要尽量避免沉溺在回答信息量少的贴吧和论坛中，而要去寻求一些系统的答案，譬如书刊或者官网等。还有一个小技巧是在必应等浏览器中使用图片搜索，找到相关适合的图片后，再从图片的出处去寻求资源。”

对于自学——“很多初学者容易犯的错误是觉得前面章节太容易而略过，没有打牢基础，导致无法深入了解后面的内容。所以，对于基础内容的重视是学懂一本书的关键所在。”

延伸阅读

《德国应用化学》（Angewandte Chemie International Edition）是目前国际化学领域最具影响力的综合性刊物之一，为中科院分区一区期刊，刊物最新影响因子为12.102。

继往开来，电子学子勇创佳绩

我院学子在“创青春”和“互联网+”大学生创业大赛中斩获金奖与铜奖

2018年11月3日，由共青团中央、教育部等主办的2018年“创青春”全国大学生创业大赛终审决赛在浙江大学落下帷幕。经过激烈角逐，由我院推荐，张怀武教授、陈益凯教授、毕磊教授共同指导的“高精度与超稳定农业智慧云系统”项目斩获创业计划赛金奖，刘洋教授指导的“自主学习神经网络芯片加速智能应用”项目荣获铜奖。此外，在同年10月举办的第四届中国“互联网+”大学生创新创业大赛中，由我院推荐，朱晓章副教授指导的“聚星——智能交通的精确定位”项目荣获银奖。

“创青春”全国大学生创业大赛及其前身“挑战杯”全国大学生创业计划竞赛，经过多年的发展和积累，已成为目前国内参赛规模最大、参赛作品最多、影响范围最广的大学生创业赛事之一。本届大赛以“弄潮创青春，建功新时代”为竞赛主题，由创业计划竞赛、创业实践挑战赛和公益创业赛组成，经过各高校校赛、各省级竞赛、全国复赛选拔，共有全国2200余所高校逾百万大学生的15万余件作品参赛，最终包括港澳地区高校在内的197所高校、369件作品脱颖而出，入围终审决赛。

第四届中国“互联网+”大学生创新创业大赛由教育部、中央网络安全和信息化领导小组办公室等主办。大赛旨在推动高等教育综合改革，激发大学生的创造力，培养造就“大众创业、万众创新”的生力军；推动赛事成果转化和产学研用紧密结合，促进“互联网+”新业态形成，服务经济提质增效升级；以创新引领创业、创业带动就业，推动高校毕业生更高质量创业就业。

我院学子获第二届全国大学生集成电路创新创业大赛特等奖

2018 年 8 月 24 日，第二届全国大学生集成电路创新创业大赛全国总决赛在南京信息工程大学落下帷幕。本届赛事吸引了来自电子科技大学、清华大学、复旦大学、北京理工大学、华中科技大学等全国各大高校共 900 余支队伍参赛，共有 180 支队伍脱颖而出进入全国总决赛，争夺 10 个企业杯冠军。我院入围全国总决赛的 5 支队伍，经过激烈角逐，斩获特等奖 1 项，二等奖 1 项，三等奖 3 项的好成绩。同时，我校也荣获本届大赛“优秀组织奖”。

全国大学生集成电路创新创业大赛是由工业和信息化部人才交流中心主办的全国性赛事，旨在贯彻落实国家集成电路发展战略重要部署，服务我国集成电路产业发展大局，创新集成电路产业人才培养模式，为集成电路产业提供大批优秀的后备人才。本赛事得到研究生院重点支持，是电子科技大学研究生科技创新计划支持的竞赛项目之一，电子科技大学为西南分赛区承办单位，由电子科学与工程学院负责赛区组织工作。

△特等奖获奖队伍代表上台领奖

我院学子获首届中国研究生创“芯”大赛全国特等奖

2018 年 8 月 12 日，“华为杯”首届中国研究生创“芯”大赛颁奖典礼在厦门国际会议中心落下帷幕。经过激烈角逐，我校进入决赛的 2 支队伍从 148 支决赛队伍中脱颖而出，其中，由电子学院和计算机学院共同组成的“Power_804 队”一举夺得全国特等奖，电子学院“Memory 队”获得全国三等奖，李泽宏老师获得本届大赛“优秀指导教师奖”。

中国研究生创“芯”大赛是中国研究生创新实践系列大赛十大主题赛事之一，是面向全国研究生的团体性集成电路顶级专业创意创新实践活动，旨在推动高等院校及科研院所集成电路相关专业研究生培养模式改革与创新，培养研究生创新能力、实践能力和团队协作能力，为建设创新型国家提供人才战略支撑。大赛前身为中国研究生电子设计竞赛集成电路专项赛。

△特等奖获奖队伍代表上台领奖

△获特等奖队伍

我院学子在国际微波年会（IMS2018）学生设计竞赛单元获得冠军

2018 年国际微波年会（International Microwave Symposium，IMS）及射频集成电路会议（Radio Frequency Integrated Circuits Symposium，RFIC）在美国费城成功举行。此次会议上，我院发表了多篇高水平论文，展示了我院多项研究成果。本届 IMS 会议共收录 474 篇优秀论文，这些论文来自全球 239 个不同机构。其中，电子科技大学为第一署名单位的有 21 篇，占全部会议论文的 4.4%。据统计，在 2018 年的 IMS 会议上，我校发表论文数量位居首位。 RFIC 会议共收录 141 篇优秀论文，我校命中 1 篇。这些优秀论文展现了我校在微波、集成电路领域中的突出贡献和雄厚实力。其中，我院博士生亓天、史卫民等在 2018 年国际微波年会（IMS2018）学生设计竞赛中的高效率线性功率放大器竞赛单元获得冠军，并将在 IEEE Microwave Magazine 发表该竞赛作品的研究论文。这是我校学生首次在该竞赛单元中获得冠军，也是中国大陆地区高校学生在该竞赛上第一次夺冠。

亓天博士为该作品的主要设计者，队伍成员还包括博士研究生史卫民，硕士研究生唐小彬、潘勇，竞赛的指导教师为何松柏教授与游飞副教授。本次参赛作品采用研究团队提出的微波晶体管非线性电路模型及非对称 Doherty 前匹配结构，实现了对第二凸瓣的良好扼制，在满足线性性能的同时，提高了功率放大器效率，最终在竞赛现场通过测试，并一举夺冠。

△团队合影

△获奖证书

我院分团委荣获 2017-2018 年度“红旗分团委”称号

电子科技大学 2017—2018 年度“红旗分团委”评优工作于 2018 年 3 月启动，经过自评、附加分评比及现场答辩一系列环节，电子科学与工程学院分团委以总分第一的成绩摘得“红旗分团委”称号。

此次评比由校团委组织，自评、附加分评比主要从组织思想建设、宣传工作、社会实践与志愿服务、科技文化活动等方面综合考察各学院分团委这一年的工作。我院由分团委书记及学生干部组成的答辩团队以“新要求、大作为、真贡献”为主题，从思想引领大局、改革新要求、灵活运用网络阵地发声、科创竞赛培养学生创新精神、引导学生参与社会实践、公益服务等方面一一陈述一年来的丰硕成果，如：组织 12 场“我学十九大”系列活动；组织百余场电子论坛，使学生零距离接触科技前沿；11 支队伍荣获全国大学生电子设计竞赛国家级奖励；本科生累计获创新创业省级及以上奖励 228 项，发表论文 16 篇，申请专利 35 项；响应“精准扶贫”号召，织翼支教队两年赴康定甲根坝乡，获评全国大学生”一带一路“实践行动“优秀团队”（全国 100 支）；开展“大学专业说”系列活动，在川大附中、电子科大实验中学等进行专业宣讲等。

电子科学与工程学院分团委将继续围绕青年的时代主题，把改革发展的新要求贯穿于团学工作的全过程，扎根于青年，着眼于青年，将“青春、梦想、责任、使命”书写在成电沃土和中国大地上。

SIX

chapter

……

志在四方

游名校

访企业

践信念

PART 1

游名校

麻省理工访学——精彩纷呈　倏而三日

天公作美，旅程开启

2018年7月22日，经过长达一天的飞行，MIT暑期课堂的36名学生抵达美国波士顿。刚到异国不认路的慌乱，12个小时时差的错乱，旅途的疲惫，让学生们略有不适。好在天公作美，近来淫雨霏霏的波士顿在学生们到MIT的第一天终于露出澄澈、明媚的晴空，一扫学生们身上的困倦。同学们在两位MIT的学生的引导下，开始参观校园。MIT之旅正式开启。

授人以渔，亲身体验

MIT之行最有趣的环节非Workshop莫属。老师从工程概念开始介绍，逐步引领大家尝试进行工程思维。学生们亲自动手实践、设计、制造、测试船模，根据测试的数据调整设计方案、不断完善，亲身尝试运用工程思维解决实际问题。另一边，同学们尝试编程调试机器人，在问题中不断改善。课堂最后，学生们不仅掌握了船模、机器人的基本知识，也养成了注重创新却又不失严谨、灵活却又保证专注的思维方式，为今后的学习提供了有效的帮助。

深度体验，轻松交流

除了帮助学生提升专业技能，本次MIT之行也着重提升英语技能及美国式思维的培养。由MIT的教授Jane讲解中美文化差异，地理、宗教、体育等与美国文化的关联，美国的教育系统及公共演讲的技巧等内容。Jane教授的课堂轻松愉快，经典的美国段子使众人捧腹。此外，MIT国际部的Dana老师也为学生们介绍了申请美国高校时的要点以及在美留学生可能会碰到的文化交流方面的障碍、误解等。这种深入的交流，不仅有效提高了学生们的口语表达能力，也为学生们今后申请美国深造提供了莫大帮助。

| 对话大牛，接触前沿 |

此次 MIT 之行最吸引人的莫过于有机会与 EE、CS 业内的大牛们零距离接触，直观感受最前沿的研究方向与内容。美国工程院院士、MIT 无线网络和移动计算技术研究室主任 Dina 教授，MTL 核心成员 Ruonan Han 教授为学生们介绍了学科前沿。Dina 教授关心人们的数字健康，正研究如何通过无线移动通信技术实时监控人们的身体情况。Han 教授则关注太赫兹集成芯片的研究与应用。两位大牛教授深入浅出的讲解，使学生们对学科产生了非常浓厚的兴趣，同时眼界也得以更加开阔。

哈佛大学、东北大学暑期课堂——不忘初心 方得始终

|Harvard|

2018 年 7 月 31 日，成电学子来到了儿时的梦想之地——Harvard University 进行学习交流。哈佛的红墙砖瓦，如殿堂般的建筑群出现在眼前，令成电学子们感受到了哈佛大学悠久的历史和浓郁的文化氛围。

下午，哈佛大学工程学院前副院长 Joost 教授为成电学子带来了一个精彩纷呈的讲座。在讲座环节，水凝胶技术令人惊叹不已。成电学子领略了不同学科交融后产生的巨大力量，也看到了拥有无限可能的光明前景。

|Northeastern University|

2018 年 8 月 1 日，成电学子来到了东北大学。不同于 MIT 和哈佛的繁忙节奏，东北大学带给成电学子更多的是厚重感。东北大学坐落于波士顿市内一角，这里少有行人、游客的打扰。在这样一片净土，学子们忘却时间、淡去杂念，静静地聆听教授、学者的教导。

东北大学杰出教授、IEEE Fellow Harris 教授，凭借其精湛幽默的讲课方式，并通过分享他精彩的人生故事，为成电学子们奉上了一堂别开生面的

美国硅谷暑期实训营 精彩在路上

职业生涯规划课。

2018年7月22日，美国硅谷实训营30名营员来到了旧金山，在硅谷这一创业者的聚集地开启了创新创业课程的学习之旅。

| 学在UCB，创业知识初体验 |

在加州大学伯克利分校，同学们见到了将要相伴数天的教授——Nik。“Just think about the question——who you are？”在简短的自我介绍后，Nik教授要求同学们以自我审视的方式，通过介绍自己的缺陷开展“破冰”。Nik教授用诙谐幽默的语言，为同学们寻找克服弱点的方式。起初，同学们还处于紧张的状态，但是在Nik教授“马马虎虎”汉语带来的亲切感下，同学们渐渐融入其中。

下午，Nik教授主要讲解了创业前关于“idea”的准备工作，并从方向的建立、想法的提出与选择、partner的挑选、leader应有的所作所为等环节进行介绍。同学们聚精会神地学习，青春的动力与热情极大地削减了时差带来的不适。

7月23—25日，Nik教授采取分组开展头脑风暴，让每一组对自己公司所要开展的“项目”进行深入讨论。他将以此检验不同小组所代表的公司对创业的整体把握和认识。组员们各抒己见、互相补充，每个组都进行了翔实的分析。

| 亲身感受，探访名企和孵化器 |

2018年7月26日，队员们前往幼发拉底深度孵化中心进行进一步的创业培训。上午，幼发拉底的开创者、“学霸”沈教授结合自身进行了创业讲解。幼发拉底的沈老师也向队员们介绍了往年的优秀作品及成功案例。

2018年7月27日，队员们参观了硅谷的知名企业。首个抵达的是苹果公司的新工业园区。在那里，同学们体验到了苹果公司最新的产品，感受到先进科技给生活带来的转变。在下午，团队分别前往google办公场地、NASA的游客开放区域等机构、公司参观。尖端的科技、宽阔的场地，给队员们留下了深刻印象。

PART 2

访企业

上海技术物理研究所、上海微系统与信息技术研究所暑期“菁英班”

△技物所　见学思

△技物所：红外——拓宽你的视野

| 拓宽视野，接触前沿 |

8月，来自微电子科学与工程、电子科学与技术、电磁场与无线技术、集成电路设计与集成系统以及电子信息工程专业的64名“菁英班”同学齐聚上海，开始了为期7—9天的中国科学院上海技术物理研究所、中国科学院上海微系统与信息技术研究所的暑期菁英班项目。本次项目旨在为学生搭建“开阔视野，接触前沿”的平台，使同学们了解当前国内外红外物理领域、微系统与信息技术最前沿技术和发展趋势。主要内容包括：相关基础课程讲授、前沿讲座、实验室开放与参观、相关课题组科研实习、专家面对面交流等。

技物所汪老师为同学们办理了报道事宜，并给同学们说明了相关注意事项。夏令营的序幕就此拉开。同学们各个朝气蓬勃，红外物理的大门正等待着他们去探索。

班主任李雪老师首先向同学们介绍了红外物理领域最基础的学科知识以及红外物理的发展背景和应用前景，以及红外探测器作为一种超出可见光波长范围的探测器，在

△技物所：站在巨人的肩膀上

△微系统所　见学思

航空航天、气象预报、灾害预警等各个领域都有着不可或缺的作用，带领同学们打开了红外物理和红外探测器领域的大门。

“青年杰出人才”胡伟达教授以严谨又不失幽默的方式，为同学们讲解了“二维材料红外探测器”的相关知识。作为新时代优秀青年才俊的代表，胡伟达教授在讲授专业知识的同时，还通过他的亲身经验告诫同学们：“如今我们是站在巨人的肩膀上，这为我们提供了巨大的便利，我们只要刻苦努力，不断创新，就会看得更高，走得更远。”

| 功能强大，应用广泛 |

红外焦平面方面的专家王跃明老师用一个个真实的案例和生动的图片，向同学们展示了当今红外探测器在灾害预警、航空研究、卫星侦查等领域的具体应用。虽然近 20 年来我国在红外领域取得了突飞猛进的发展，成果喜人，但王老师仍然指出，“国内发展水平与国外仍存在显著的差距，发展的脚步不容放缓，未来的大旗还要靠当代新一代青年人‘扛起’”。

与此同时，微系统所的同学们也开展了相关活动。来自两个国家重点实验室及两个中科院重点实验室的 11 名老师详细向同学们讲解了各个实验室及相关课题组的研究方向。

| 努力探索，全神贯注 |

紧凑的课程给同学们带来了一定的压力，但大家依然满怀对新知识的渴望，以饱满的热情和认真的态度对待每一位老师的课程。课堂上全神贯注、踊跃提问，课后积极思考、探索钻研，每一位同学在两天的学习生活中都收获颇丰。

尽管八月的上海台风不断，同学们前进的步伐也不会停下。相信每一位同学都会在本次活动中收获知识，增长见识，而这次宝贵的经历也会在他们未来的人生中发挥作用，助力他们成长。

暑期工程项目实习持续火热进行

国家示范性微电子学院“勇担新使命，筑梦中国芯”集成电路工程项目实习活动已近过半，同学们在企业或研究所都做了什么，学了什么，让我们一起来看看吧。

|上海伏达半导体有限公司项目实习队|

成为了一名真正的企业实习员工，这是同学们在上海伏达半导体有限公司实习一周以来的最大感受。在这里，同学们完全融入了这家年轻而充满活力的科技公司，和真正的即将入职的人一起，接受了简短而正式的入职培训，每人分配了一至两名导师，分别进入了研发组、应用组与测试组。而同学们的工作也围绕公司的下一步战略展开，工作内容涉及芯片及新硬件的研发、优化与测试。导师的带领、每周的工作目标与周报都让同学们快速进步；开放的企业内部培训、导师的职业培训、首席技术官的讲座等活动让同学们对半导体研发流程及半导体科技公司的架构与运作模式有了深入的了解。

|中国科学院苏州纳米所项目实习队|

在中国科学院苏州纳米所，同学们度过了繁忙的两周。纳米所安排了很多课题组让我们选择，有GaN太赫兹器件实验室、纳米加工平台、多功能薄膜器件实验室等。同学们分别进入了各自的实验室工作学习。在实验室的学习中，同学们对集成电路的工艺流程、怎样利用pld系统镀膜、怎样用软件来设计光栅、怎样控制光刻程度等问题有了一定的了解和掌握。

|常州新超集成电路技术有限公司项目实习队|

在常州新超集成电路技术有限公司，要求五位同学在五周的时间里，通过对数字系统中片上外设Real Time Clock模块的设计，快速熟悉数字集成电路设计过程中从开始到结束所使用的各种软件工具和完整流程。同学们以项目为切入点，大量练习了Linux系统下通过命令行对工作软件的使用；巩固和加强了课程学习中的总线知识、APB协议及Verilog HDL语言。

|青岛若贝科技有限公司项目实习队|

实习这两周，同学们学习了硬件描述语言Verilog，并使用EDA开发软件和Vivado完成了联合开发。同时在编程中实现了FIFO接口、存储器的设计和串口通信。最终，通过Zybo开发板实现了对单色LED薄膜灯的控制，在8行8列的小灯上展现出动画效果。随后，同学们了解了SK2812彩色灯珠的原理，通过编程成功驱动了彩色小灯。在理解

SK2812的通信协议的基础上，深入学习了SPI协议与I2C协议，并开始着手自己设计协议，通过对信号的截取、处理、传输，实现对级联LED彩色小灯亮度和颜色的控制。在此基础上，该协议将被开发成独立的微型芯片，通过对LED屏像素点的控制，实现LED屏幕拼接。

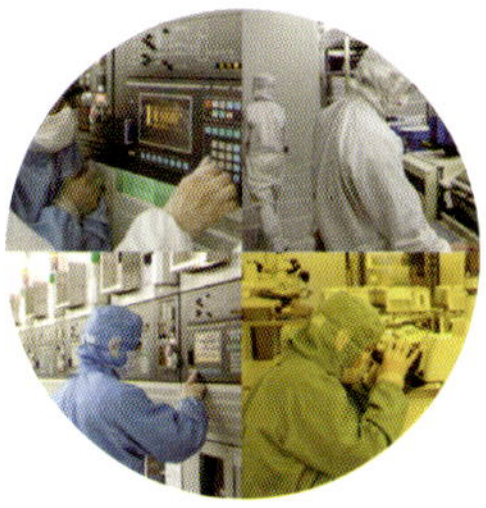

| 四川广义微电子股份有限公司项目实习队 |

实习过程中，公司召集实习同学一起召开了交流会，对同学们实习过程中遇到的问题进行了耐心的解答，询问了同学们的生活状况以及后勤需要改善的方面，并表示公司将尽可能地帮助同学们顺利完成实习。最后，所有同学还学习了车间内“6S”的安全操作行为准则，尤其是对有毒气体和液体的预防措施和误触后的应急处理方法。在实习过程中，集电专业的同学们不仅学习了ion implantation、PVD & CVD、ETCH等工艺的原理，还观察了其生产操作过程，对课本知识有了更加立体的理解和感悟。

| 四川甄识科技有限公司项目实习队 |

成都甄识科技有限公司项目实习队的同学们迅速进入暑期实习状态。公司负责人在对同学们介绍公司情况后，带领大家了解了企业运营架构和部分项目进展。同学们还接受了公司在软件设计、硬件优化等方面的知识培训，初步开始加入具体科技项目，熟习有关操作，学习并逐渐取得实质性进展。

| 重庆粤嵌通信科技股份有限公司项目实习队 |

重庆粤嵌工程项目实习，主要围绕着linux平台下的嵌入式软件开发展开。12名实习队员分配到各个小组，在企业导师的带领下，逐步完成了相册、视频、音乐播放、监控录制等基础功能的设计、实现与封装，又经过一周的设计调试，最终在导师的指导下完成了语音识别智能机器人系统的搭建。

| 成都海威华芯科技有限公司项目实习队 |

13位同学参与海威华芯公司的实习项目，并被分配到产品支持部、可靠性部、测试部等不同部门，进行不同内容的实践学习。在这两周时间内，同学们在公司相关负责人的引领下，进行了有关规定以及章程的学习和培训。经过各个部门领导的指导和在不同部门的实践学习，小组成员学到了基本的实验操作规范，熟悉了部分必要掌握的基本概念，了解了生产开发流程的一些细节，有的还学到了与设计相关的思维方式，收获颇丰。

| 四川永星电子有限公司项目实习队 |

四川永星电子有限公司主要以元件的加工和生产为主，在公司实习的前两周里，企业导师带着同学们学习了各个元件的原理，并参观和熟悉了每一个步骤的实际生产情况。同学们非常认真地跟着导师学习，定期进行组内互相交流，最终学习收获了元件的制图、烧录、光刻和组装等方面的知识。

| 成都申威科技有限公司项目实习队 |

成都申威科技有限公司项目实习队的同学们主要进行的是芯片测试工作。通过企业导师的指导，同学们学习了数据结构与算法、操作系统等与计算机有关的内容，也深刻了解了芯片与计算机的紧密联系。同学们深知，尽管做的是电路，但不懂得软件方面的知识也会让自己寸步难行的，更不可能向系统层面发展。

| 成都杰夫微电子有限公司项目实习队 |

杰夫微电子是一家以设计电源开关控制芯片的 fabless 公司。实习过程中，同学们深刻了解了开关芯片的三个重要指标：静态电流、导通电阻、截止电流，并手动焊接了 EVB 测试板，学会了使用示波器等测试设备。此外，公司负责人也给同学们大致介绍了 R&D 电路的设计和测试流程。

| 成都士兰微电子股份有限公司项目实习队 |

在士兰微的实习时间里，同学们参观了封装工序，近距离学习封装工艺，内容包括前段工序的划片、装片、键合，后端工序的塑封、电镀、打印、切筋、检测、包装，等等。同学们近距离学习、了解到芯片由硅晶圆片转变为芯片的制造细节，也在工程师的讲解下学习辨识不同芯片模板的种类，并跟随工人师傅实操机器进行切模。之后，同学们学习实践了“7S”（整理、整顿、清扫、清洁、素养、安全、节约）管理方式。

台湾交换生活——台积电参观

本科 2016 级集成电路三班 | **金楚丰**

TSMC，台湾积体电路制造股份有限公司（Taiwan Semiconductor Manufacturing Company Limited）在我所生活的新竹有重要的厂房和台积创新馆（TSMC museum of innovation）。TSMC 是世界上最大的晶圆代工厂，占有全球市场的 56% 之多。主要上游合作伙伴有苹果、英伟达、AMD、高通、华为、联发科等。

来新竹的台湾交通大学交换，

找机会参观世界首屈一指的晶圆代工厂是我此行的目的之一。

来台湾未多时，到TSMC走一走的心思就活络起来。一方面，我在网络上积极查找参观台积电的相关信息，另一方面在地图上确定台积电厂房与我居住校区的距离。可能是运气不错，我在网络上并不费力地找到了报名参观台积创新馆的渠道，而且恰好赶在其于3月16日闭馆整修之前，并先后两次预约参观。

台积创新馆坐落于新竹科学圆台积电晶圆12厂的一隅。馆内空间不大，斥资却不菲。整个博物馆分为三个部分，分别介绍生活中的半导体（体现台积电的社会价值）、台积电的发展历程（从公司建立到主要工艺节点技术的突破）和台积创始人张忠谋博士本人的故事。概观而言，无论是将其界定为博物馆还是科技馆，这都是一个相当优秀的参观场所。它既起到了作为一般性开放博物馆的知识普及作用，也体现了一个科技馆的知识深度和技术展示作用，可以说是全面地展现了台积电历史上的技术成果。作为一个微电子行业的本科生，我从这次参观中学到了不少专业知识。

走进这个博物馆，首先看到的是大量的电子产品展示，从诸如电脑、手机、VR设备等大众眼中的典型电子设备，它们小到弥散于生活的各个角落，大到不为大众熟知的微处理器控制的电子设备，台积电想借此体现出其作为晶圆制造厂给社会进步带来的价值以及它巨大的市场份额。展馆的这部分陈列了许多可以互动的设备用来吸引游客的注意力。

第二展区是我驻足最久的一个展区。我先后两次参观此馆总计使用了接近5个小时的时间，其中2/3都是花费在第二展区。第二展区在广度和深度上是惊人的。第二展区先后介绍了：台积电在全球各地的厂房、台积电对台湾经济的贡献、台积电创立之初张博士的规划、台积电推进重要工艺节点进步的关键技术、台积电的其他生产技术、台积电的成功之作、台积电友商的寄语、台积电历史照片。

展区给我留下第一个深刻印象的是张忠谋先生本人在1985年TSMC成立之际写给地区政府的汇报。一份名为“發展超大型積體電路工業簡報”，另一份名为“TSMC公司投資建議”。旁边放有影片介绍张忠谋先生本人完成这两份汇报前的思路历程。张先生本人在1985年之前，一直在美国留学和工作，先后担任了几家重量级半导体公司的高管。在最后一份工作辞职之后，受邀来到台湾发展半导体产业。在他本人撰写的简报中，展现了张先生作为半导体

公司掌舵人数十年之久的老练眼光。他言简意赅，准确清晰地分析了过去世界上美、日、韩、欧半导体行业的发展形势，以及当前半导体世界局势。然后直截了当地指出了台湾在发展半导体中的劣势和优势。张先生在此条件下，提出创新的半导体商业模式——Foundry 模式。所谓 Foundry 模式，打断半导体产业上下游一体化（IDM）的运作模式，把台湾存在竞争力的产业中游环节集中精力做大做强。绝不碰触台湾没有优势的——上游半导体设计和下游电子产品销售。这一方案为台积电在世界半导体产业暗涛汹涌之际立足和壮大提供了可能性。让作为后人并且可能将会亲身投入大陆半导体产业进步的我异常钦佩。也难怪张先生从始至终都把创新视作企业生命的源泉，要不是他本人在萌芽之际的创新商业模式，后面的故事根本无从书写，台湾的半导体产业也不会拥有当今的国际地位。

在参观完张先生的英明决策之后，我进入了一个让我站到腿麻的环节。大墙上有一面电视展示出了台积电从 19 世纪 90 年代主流逻辑制程 0.13 μm 到近日我的手机采用的 16nm 逻辑制程再到台积电下一个时代 7nm、5nm、3nm 制程的发展路线和其中关键技术。这些关键技术，包括低功耗技术、铜 / 低介电常数制程、浸润式曝光、高介电层 / 金属栅极、双重曝光、鳍式场效应晶体管（FinFET），全部都配备了一份图片文字说明和一套分为上下两集的介绍片。这正是这次参观最让我惊讶和佩服的部分，博物馆为不同兴趣爱好和关注点的参观者提供了多个层次的选择。外行的参观者可以随意地惊讶于逻辑制程的指数发展速度（摩尔定律），半导体兴趣者可以简单地看完介绍片的上集，了解技术思路。但是，台积电为技术从业者提供了介绍片的下集，介绍每个技术的简要技术原理、重难点甚至是当初发展这些技术的国际产业局势。这些内容对于已经前半脚掌迈入行业大门的我来说，已经可以理解，但是，却还远远没有达到从课本上学习和使用的地步。这个部分是我在这个博物馆最大的收获之一，我花费了数个小时站立在屏幕面前阅读这些材料。

博物馆的第三个部分则详细地介绍了张忠谋先生本人的成长历程和功成名就之后的数篇报道和演讲。于我而言，则是想在这篇感想末尾，把张先生送给我等参观者的一句话送给大家：严峻挑战的后面是美好的未来。

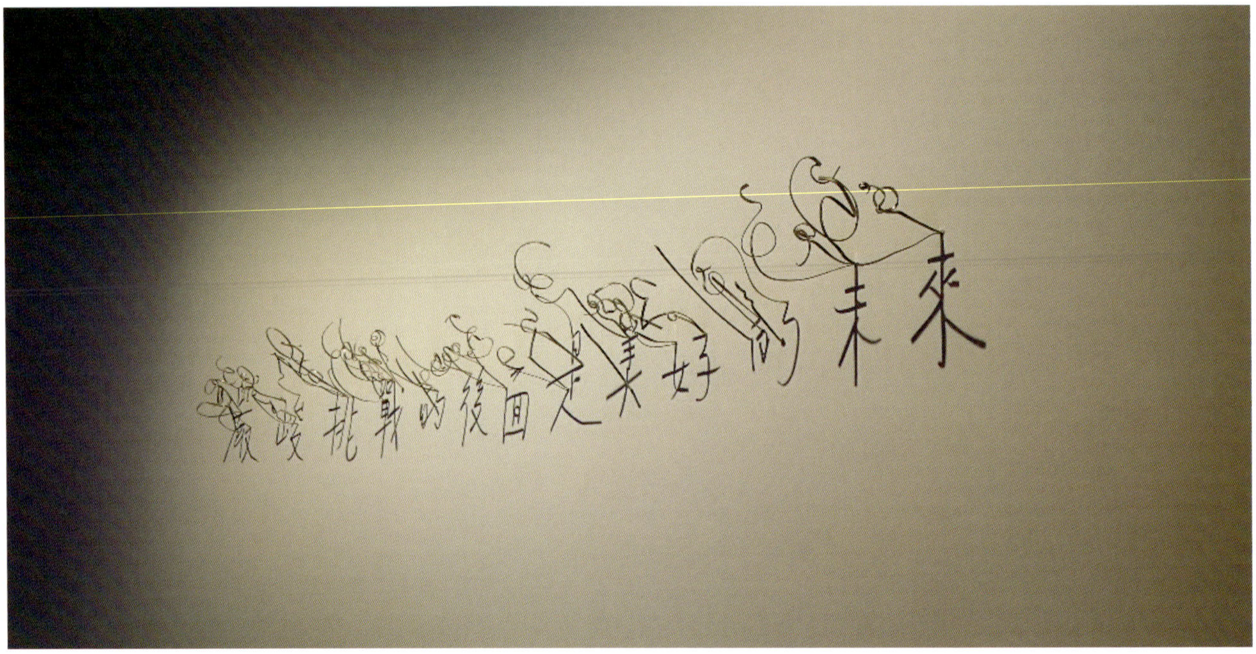

PART 3

践信念

织翼实践队：支教挥洒青春，调研情系同胞

“不忘初心跟党走，建功立业新时代。”为积极响应学校和学院的号召，进一步增强青年的责任感和使命感，发挥社会实践在加强和改进大学生思想政治教育中的积极作用，电子科学与工程学院织翼暑期社会实践队于2018年7月23日从成都出发，历时10个多小时，来到电子科技大学定点扶贫帮扶村——四川省甘孜藏族自治州康定市甲根坝乡亚弄村开展为期半个月的暑期社会实践活动。

本次实践活动包含针对藏族群众的支教活动和精准扶贫调研工作两个方面。

| 开营：初识彼此 |

7月23日早上6:45，织翼团队全体成员从成都市新南门车站乘车出发，翻越了海拔4000多米的折多山后，于下午17点左右到达甲根坝乡政府。在亚弄村第一书记王雷老师、扎日村驻村干部路超老师、日泽村驻村干部申洪伍老师的协助下，实践队最终到达距离乡政府15公里的亚弄村。在驻地稍事休整后，队员们便开始向王雷书记了解本地教育状况和精准扶贫工作的进展。王雷书记详细向队员们介绍了相关基本情况，并将开展支教活动的消息通知到亚弄村、日泽村和扎日村的每一户人家。根据实际情况，队员们连夜精心制订了支教和调研活动的详细方案。

△开营仪式结束后的合影

△开营仪式击鼓传花游戏中被选中的孩子与队员合影留念

7月24日上午，实践活动正式开始。来自亚弄村、扎日村和日泽村的部分学龄前儿童、小学生、初中生以及高中生50余人来到亚弄村活动中心。队员们为同学们举行了开营仪式。仪式上，王雷书记首先向同学们和家长们介绍了此次活动的基本情况，并代表村民欢迎队员们的到来。织翼暑期社会实践队的带队老师文译代表团队向王雷书记和村民的支持表示感谢，并对织翼团队进行了简要介绍。随后，每位团队成员也分别做了自我介绍和课程简介。之后，全体队员以及现场的孩子们一起进行了击鼓传花游戏，被选中的孩子到人群中央进行自我介绍，队员们依次上前为小孩子们送上自己精心准备的小礼物。其中，有一个孩子与众不同，在游戏过程中，主动抓住花不放，以争取自我介绍的机会。开营仪式在一片欢声笑语中结束。在开营仪式结束后，实践队详细统计了每位同学的姓名、住址、年龄、年级等基本信息，并以此为分班依据。

| 支教：寓教于乐 |

7月25日，实践队正式开始支教授课，并根据前期调研情况将同学们分为大、中、小三个班分别上课。大班学生主要是初中生，支教队员根据他们实际的学业情况并针对中考进行细致的辅导。中班涵盖三四五年级，以语文、数学、英语这三门基础课为主，其中穿插有心理课，引导同学们培养积极健康的思想并树立远大理想。小班包括幼儿园和一二年级的学生，主要课程有语文、数学、英语、音乐、舞蹈、体育，在帮助同学们为以后的学习打好基础的同时帮助他们培养广泛的兴趣爱好。对于2位明年即将高考的高中生布甲和扎西尼玛，队员们采用了单独辅导的教学方式，为他们答疑解惑，并传授了一些高考的经验与技巧。除此之外，在每天晚上，队员们还为这2位明年即将高考的高中生连夜加课，以帮助他们更快地构建科学的复习体系。

△队员邢文雯正在认真板书

| 调研：深入基层 |

在王雷书记的带领下，调研活动也于7月25日拉开帷幕。支教队员首先随王雷书记走访了贫困户并参观当地民宿建设。在同贫困群众的交谈中，队员们了解到他们对国家的政策非常满意。在党和政府的帮助下，基本生活有了保障。对于未来，他们也充满希望，并相信在党和政府的帮助扶持下，通过自己的努力，很快就能过上幸福、安康、富足的生活。

亚弄村具有优美的自然风光和得天独厚的发展旅游业的条件。在经过几天的走访和阅读相关资料之后，队员们了解到当地旅游市场潜力巨大，民宿在未来大有可为，并鼓励村民自主创业、经营民宿。在电子科技大学连续几年的帮扶下，十余户当地群众已经率先办起了民宿来扩大收入来源。

△队员和书记一起走访当地群众

△队员们正在做饭菜

| 生活：砥砺前行 |

亚弄村平均海拔 3600m，身体不适的队员克服了高原反应，以饱满的热情与当地群众和学生渐渐熟悉，各项工作有条不紊地开展。在生活上，队员们面朝青山流水，品味自然的魅力与迷人。无论是寒风骤雨，抑或远山斜阳，都印刻在队员们的记忆中。虽然条件艰苦，但队员们也格外珍惜这次不一样的实践机会，将砍柴、烧火、煮饭当成一种磨练和宝贵的经历。

枝叶实践队：青年红色之旅，深入基层调研

△微党课（崇兴村）：新时代精神

为积极响应习总书记关于参加服务革命老区的“青年红色筑梦之旅”号召，亮党员身份，发挥党员先进性，我院组织党员干部追寻习总书记初心之路。电子科学与工程学院“枝叶实践队”于 2018 年 7 月 23 日从成都出发，历时六个小时来到重庆市江津区贾嗣镇——这是电子科技大学 2018 年今年新成立的实践基地。

因为村中青壮年劳动力大量外出务工，参与我们的微党课、配合我们实地调研的大多是年事已高的老人家。出于对老人身体以及活动参与度的考量，我们只得把活动尽可能地往前挪，挪到清晨。一路上连片的大鱼塘映射出湖光山色，远处群山连绵、轮廓朦胧、旭日初升。队员们不禁感叹乡村景致的美不胜收。到了崇兴村村委会，院落的秩序与整洁出乎意料。窗明几净、秩序井然。

村长带着我们来到了崇兴村的群众工作站，支部的老党员端坐两旁，队员怀着对优秀前辈的尊敬，根据自身对十九大报告的理解和先前的微党课准备，举了贸易战以及生活中的例子，阐述了自己对十九大报

△微党课（五福村）：小康路上一个都不能掉队

告的看法以及对新时代精神内涵的具体理解，重点叙述了“不忘初心，牢记使命”对于整个国家、整个党、甚至于个人层面的意义。

队员的微党课也引起了在座的老党员的共鸣，年逾鲐背的老支部书记也给队员们了讲述他当年如何入的党、当书记的历程等，给队员上了一堂富有浓重岁月气息的党课。

队员连重远同志为贾嗣镇五福村低保人群讲述了主题为“小康路上一个都不能掉队”的微党课。

“小康路上一个都不能掉队”这句话是习近平总书记在2017年新年贺词中提到的，这不仅仅是总书记对人民未来美好生活的祝愿，更是中国共产党、中国政府对人民作出的庄严承诺。五福村低保人群听完后也和“三下乡”队员聊起了自己生活的变化，他们很多有能力的在接受帮扶的同时，也用自己的双手创造美好生活。大家对自己的未来更加充满向往，对党、国家和政府更加有信心。

| 社会调研：深入基层，了解国情 |

在崇兴村与老党员的交流中，我们还发现了一些不尽完善的地方。比如，村中的一些地方还没有铺上水泥路；渔业养殖的一些困难——设备的不足、水源不够优质、饲料过于昂贵等。我们后期在村子走访的时候发现了崇兴村的水产产业农业科技试验示范基地。这个示范基地有着充足的增氧设备可以解决水源水质问题，也拥有鱼种苗池。

同时，我们也了解到政府对于渔业从业人员有着免费的三到四天的培训。这一定程度上说明了技术其实并不是限制崇兴村渔业发展的主要问题，主要问题应该是资金问题。队员们建议在村里联系一些渔业散户成立合作社，一起修建一个相对较大的鱼塘，以解决目前村里渔业养殖的问题。

在与五福村村干部和低保人群的谈话中，我们了解到五福村占地14平方公里左右，村民4900多人，其中低保人群101户168人，特困群众40人左右。近年来，村里的发展也取得了可喜的成绩，原来有的49户贫困人口128人通过精准扶贫现已全部脱贫；村上大力发展桑葚产业，每年农历五月都会举办“果桑采摘节”，不光可以直接当作水果卖，而且与附近酒厂合作生产桑葚酒，并计划在2019年引进风干设备制作桑葚干；村里道路得到优化，村民出行十分便捷，这也为桑葚运输提供了交通便利。

通过实地走访、考察了一位正在提交特困申请的低保户刘才能爷爷的家里的情况，队员们得知他今年66岁，现在居住的房子由他过世儿子2005年修建，床、桌子等家具已破旧不堪，家中只种有一亩地。刘爷爷无人赡养，只有一位上高中的孙女和他相依为命，他希望政府以特困户的标准来帮助他。

枝叶实践队发挥社会实践育人功效，增强习近平新时代中国特色社会主义思想的认识，切身感受攻坚脱贫的重大意义，强化责任担当意识，做具有家国情怀的时代新人。

SEVEN

chapter

……

花开遍地

学霸足球队

文字｜ 赵天昊
整理｜ 潘翔鑫

——记电子学院本科 2014 级足球队

在世界杯硝烟四起战意正酣的六月，在距离莫斯科六千多公里的四川成都，有这样一支足球队：他们在绿茵场上挥洒汗水时团结如一，亲如兄弟，用凌厉的进攻和铁血的防守征服对手；他们在刻苦攻读时互帮互助，彼此提携，常常交流经验，彼此督促，互相打气。球场上，教室里，图书馆中，到处都有他们的身影，坚持德智体美劳全面发展的他们，学习体育两手抓两手硬。他们就是电子学院本科 2014 级足球队。虽然他们不能像 C 罗、梅西那样在球场上为国争光，但他们已经用极高的深造率向母校交出了一份满意的答卷——其中 4 人选择保研，5 人进入 QS 世界排名前 100 高校深造。全队获得奖学金共计 153 万余元，更有本科期间就以第一作者身份发表中文核心期刊论文的学术大神。

集体荣誉

2014 年电子科技大学“成电杯”足球比赛第三名

2015 年电子科技大学“新生杯”足球比赛第四名

2016 年电子科技大学“校园杯”足球比赛第三名

队员简介

巩杰｜9 号｜前锋

电子科学与技术专业

毕业去向：清华大学微纳电子系读研

本科期间一直担任学院 2014 级足球队院队队长，作为各项赛事的唯一前场核心，凭借他灵敏的嗅觉、风骚的跑位和精准的射术，多次挽留球队于水火之中。学业上，他也不负众望，以头悬梁锥刺股的毅力考取了清华大学研究生，迈进了我国顶尖高等学府的大门。

王智成｜1 号｜门将

应用化学专业

毕业去向：上海交通大学计算机技术专业读研

曾获成电杯最佳门将

两次获得人民奖学金

作为一名在高中校队接受过系统训练的门将，王指导为学院高接抵挡，屡建奇功，堪称是球门前的定海神针。在球场内外，均取得了让人叹服的成绩，跨专业考取上海交通大学计算机专业研究生，成为了学弟学妹们的榜样。

黄俊威 | 10 号 | 前锋

微电子科学与工程专业

毕业去向：澳门大学直博
曾获人民奖学金
日本樱花科技交流项目优秀个人
校园歌曲大赛最佳人气歌手
外文卡拉 OK 亚军
中国新歌声电子科技大学站亚军
获澳门大学超过人民币 50 万元奖学金

人帅歌靓女友美，有学院小梅西之称。因为膝盖十字韧带伤势，直到大二才加入球队，刚一加入便凭借高超的盘带技巧和不知疲倦的奔跑征服了队友。不仅是学院的头号射手，更是自由度音乐协会的实力唱将，多次出席我校文艺晚会。

肖凡 | 15 号 | 后卫

微电子科学与工程专业

毕业去向：以夏令营第一的成绩保研上海交通大学集成电路工程专业
曾获人民特等奖学金
数学竞赛省级二等奖

热衷于学习的他在本科期间博览群书，除了本专业知识，哲学、历史、金融、政治等等无不涉猎，图书馆、教室、体育场，到处都有他的身影。全面发展的他本科期间获得了奖学金和竞赛优异成绩。为人热心豪爽，乐于助人，经常帮助同学提高成绩。球场上作风凶悍，屡次贡献精彩铲断，是后防线上的中流砥柱。

赵天昊 | 14 号 | 后卫

微电子科学与工程专业

毕业去向：电子科技大学与瑞典皇家理工学院联合培养 KTH 项目深造
曾任校足球协会会长
被评为电子科技大学十佳风云人物
体育工作先进工作者
体坛风云人物
校团委领航计划优秀营员（共 2 人获得）
领导社团获共青团中央全国百佳足球社团称号
作为学生代表出席五四学生表彰大会并接受表彰

身为后卫却有一颗前锋的心，喜欢在球场上指挥队友，永远保持着对足球的热忱。本科期间，把大量精力投入到了学校的足球事业当中，且收获颇丰。

张茂成 | 28 号 | 中场

应用化学专业

毕业去向：保研电子科技大学化学工程与技术专业
本科期间专业排名第 3
曾获三次人民奖学金
社会实践优秀个人

在成电足坛素有球王之称，是电子科大不可多得的中场发动机。球场上盘带娴熟，防守凶狠，控球出球游刃有余，考场上胸有成竹，信手拈来，笔走龙蛇便是高分，无论是学业、球技、人品，在队内都有口皆碑。

王承宽 | 7 号 | 中场

微电子科学与工程专业

毕业去向：新加坡国立大学直博
获得工学与经济学双学位
获人民奖学金
获新加坡国立大学奖学金超过人民币 100 万元

在队内司职前腰，为人谦虚低调，踏实肯干。球场上拥有良好的大局观，总是送出手术刀般精准的传球。虽为球队立下汗马功劳，但总是润物细无声，把进球的机会留给前锋，深藏功与名。

彭征 | 11号 | 后卫

电子科学与技术专业

毕业去向：保研电子科技大学电子科学与技术专业

获校级优秀毕业生称号

获优秀毕业论文荣誉

获全国数学建模大赛省三等奖

获三次人民奖学金

创新创业项目“心情音乐盒”获优

获“亿纬锂能寝室长”奖学金

获得深圳市宝安区大学生社会实践活动“优秀社会实践大学生”称号

在队内是天赋异禀的球员，司职边后卫的他技术娴熟，屡屡上演边路突破插上助攻的拿手好戏。身为校级优秀毕业生的他由于保研后科研工作繁忙，缺席了不少比赛，但他的威名已经名满成电，让对手闻风丧胆。

张禄鑫 | 8号 | 中场

电子科学与技术专业

毕业去向：电子科技大学微电子学与固体电子学专业读研

在队内司职边前卫，能攻善守，体力充沛，进可边路突破传中制造杀机，退可稳固防守扼杀对手进攻。虽然本科期间遗憾与保研名额失之交臂，但他用不懈的努力弥补了缺憾，以不俗的成绩通过考研成为了一名准研究生。

方子力 | 45号 | 后卫

微电子科学与工程专业

毕业去向：澳门大学读研

三获人民奖学金

校级暑期社会活动优秀个人

曾任班级副班长、心理委员、院学生会出国留学部副部长

基本功扎实的他，球风朴实无华，是队内的多面手，无论是中场组织还是退居后防，都是值得信赖的队友。他的学风和球风同样踏实，在队内有学者之称。

周先立 | 21号 | 前锋

微电子科学与工程专业

毕业去向：保研电子科技大学微电子学与固体电子学专业

两次获国家奖学金

一次人民奖学金

以第一作者身份发表一篇中文核心期刊论文

校级优秀毕业生

队内学术大佬，作为校级优秀毕业生，他也常常把在科研中的灵感挥洒到球场之上，屡屡凭借天才般的灵光一现打进精彩进球，是球队的一员福将。

旧雨三年精化碧，孤灯五夜眼常青。临近毕业，大家即将各奔东西，曾经迷茫的未来终于云开月明。一起度过四年的成电时光，一起代表学院征战赛场，一起备战雅思、托福、GRE，一起努力成为名校研究生，拿到各自offer的那一刻，抱有坚定信念的他们，庆幸自我的奋斗，感谢彼此的激励。尽管将来会天各一方，但他们仍会记得一起走过的路，一起战斗过的绿茵场，并带着这份激励在未来的道路上披荆斩棘，在科研的道路上勇攀高峰。他们今天是桃李芬芳，明天是社会的栋梁；他们今天弦歌在一堂，明天要掀起民族复兴的巨浪。

这，就是电子学院2014级足球队的故事。

当信仰邂逅生活

文｜刘旻俊
图｜李孟优

——记电子学院冠军篮球队

在今年刚刚结束的“成电杯”篮球赛上，电子学院创造历史记录夺得第一，在学院合并后的第一年夺下桂冠，打破了从未获得冠军的历史。

篮球 信仰

我们从五湖四海而来，我们于茫茫人海中相识，我们或许曾幻想着各自的热血青春。然而，在成电，我们这样一帮兄弟相聚，我们口音不同、理想不同，幸运的是，篮球让我们走到了一起。在同一个球场上挥洒汗水，在同一片舞台上肆意韶华，我们分享了人生中的一个秋天，我们曾庆幸，我们曾感谢，我们曾激动，我们会并肩前行！

△每一张照片都是拼搏的印记

时入初冬，当同学们穿上秋衣，套上厚实的衣服之时，我们却穿着单薄的篮球队服训练；仍记得那时灯火葳蕤，大家围在一起投篮，从破晓，到初晨，有些人默默坚守，有些人肆意喧嚣。

永远忘不了逆转信通的最后一秒，我们将球抛向天空，酣畅淋漓地笑着；永远忘不了，赢下全是体育特长生的公管之时，我们用韧性与谦卑，为自己喝彩。

永远忘不了，当拿到冠军后，堆满笑容地站在相机前的我们，在快门闪动之时，用高呼和欢笑定格住那一季的疯狂。

林宇翔

“篮球就是生活的一部分啊”，电子学院篮球队的队长这样说道。作为中锋的队长，从来都是场上的那个扛下压力的人。

不怕受伤，不怕牺牲，他眼眶在第一场比赛中被对方打裂过，但尽管这样，第二天的早锻炼，他仍然准时，打了纱布，穿着厚实的衣服，仍是略带严厉的吼声，可能队长就需要肩负更多的责任吧。兴趣广泛的他，也曾杀进校歌赛的决赛，在另一个更闪亮的舞台上，宣告青春的绚烂。当然篮球是他的信仰，但远方仍还有爱情，宇翔和他的女朋友虽然天各一方，但仍然坚守着彼此的感情。

魏远博

“篮球当然融入我的生活啦。”他郑重地表示，篮球并不只是兴趣，就像学习一样，高效地完成各项任务，保证学习效率，“拐哥”还是一名妥妥的学霸。

因为军训的时候他总是顺拐正步，所以被大家亲切称为“拐哥”。他，可是电子院队里面公认的有矿与有颜的同学。他是一位大心脏球员，在球队落后之时，是他精准的投篮，屡屡帮助大家走出颓势，充分释放自己。“我印象最深的就是‘拐哥’的傻笑了。”无数张诡异又鬼魅的笑，是“拐哥”的一大特点，因此，也留下了一大批表情包。

汤梓豪

院队的首发控卫，电子队的颜值担当，汤梓豪在球队的日常训练中总是让我们一群人少不了欢声笑语。

虽然平时会有些小不正经，或者偶尔展露出自己“妖艳”的一面，但比赛中的他，作为场上的指挥官，从不缺少冷静的判断与及时的果断。信手拈来的快攻传球，离弦之箭般的突破上篮，又或是突施冷箭的三分，赛场上的他冷静而从容。而场外他又是一个十分贴心的男孩纸，无论是和队友基情满满的拥抱，还是宿舍里和女朋友温暖的语音聊天，梓豪是一个优秀而有魅力的同学。

瓦日斯江

作为电子篮球队的决赛MVP，也是唯一一个来自新疆的队员，“篮球更是生命的一部分，占据了我每天的许多时间”。

每一个上篮，每一次抢篮板球，每一次将球放进篮筐，瓦日斯江总能终结一次进攻，他从不会用怒吼宣泄进球的兴奋，但是从容与冷酷却能让对手感受到他的凌厉球风，感受电子学院的坚韧。打球很棒的男孩总是阳光帅气的，那梦想的路上也不能少了篮球相伴！

刘昊俊

“篮球对于我来说，是爱好，是生活，更是信仰。”信仰真的不是很玄很玄的东西，平淡如水，明净如月，因为篮球，他很荣幸邂逅一次篮球的旅程。

球场上的他呢，总是抓住每一次机会去成长，疯狂地下快攻，精准地投篮，他用自己能做到的去帮助球队，如果手感来了可能就是水银泻地般的进攻。球场外的他，也很注重提升文学素养，“一川烟草，满城风絮，梅子黄时雨，我希望携诗意前行。”作为院队里成绩最好的同学，他幸运地分在英语a班，期中考试考到了全院前3%，向着自己的目标奋斗，无论学习，篮球，或者爱情。

林品杰

电子首发分卫，被誉为电子第一射手的品杰同学对着投篮有一种偏执，可能是台湾人的原因吧，不太注重身体对抗而专注投篮技术。

虽然这样说，赛场上的他从不畏惧身体对抗，在关键的比赛中经常命中关键三分，在最关键的与公管学院的比赛中，是品杰的三分从天而降，杀死比赛。那在平时呢，他也是个兴趣广泛的男孩，看美剧，看动漫，善于沟通交流，可能品杰是队里最纯洁最真挚的一个孩子了。

尹用昊

“篮球当然就是生活啊，为这支

球队带来士气和防守，是我的职责。”如果说品杰是一支矛，那用昊更像是一面盾。防守和篮板球，也许不是为了一个梦想而努力奋斗过的人是不会懂的。

防守和篮板球，强硬的对抗，是尹用昊在队里的作用了。很多比赛拼到五犯离场，很多比赛打到精疲力竭，他用坚持和斗志为整支球队带来士气，不夸张的说尹用昊最能体现我们电子篮球队的气质，不卑不亢，不骄不躁，不放弃，不抛弃。生活中的他也是一位很关心朋友的同学，乐于助人，不吝援助，也是校权益部的一员。

沈涛

“篮球能让我感到轻松，篮球是生活的一部分吧。”平时说话不多，但特别爱水群的同学一般还是比较内向的吧，但是沈涛却用精湛的运球技巧和灵动的跑位，找到自己的定位。

从控球后卫到小前锋，可能适应的过程是漫长的吧。生活中，他是一个爱笑爱看电影的一位同学，当然生活中的他也不乏一些骚操作，正如比赛中他连过三人上篮那样，比如意外和某位女生撞脸，于是队员们总是会脑补他女装的样子。对啦，沈涛同学还是院队里为数不多的没有女朋友又很有颜的一位，小哥哥可撩哦。

郑子昕

“我觉得我经常可以 1 打 5，我的持球单打经常像过清晨的马路一样”，自信的谜之微笑，和莫名的膨胀话语，总是能在某一个清晨的训练中，让一片球场满载欢笑。

每当比赛的最后时刻，经典的封盖三分是他的特长。牺牲、奉献是一个团队之所以能为一个团队的原因。子昕在球队需要的时候传送力量，也能在板凳席上呐喊助威。生活中，他还是合唱团的一员，擅长美声的他，也是一位文艺青年。“表面上篮球是爱好，但其实篮球是一种态度更是一种信仰。‘This is why we play!’”

江智贤

深不可测的一位同学啊，总是能突然带给我们意外的惊喜，比如说，教练曾说他是个老实人，但是第二天，教练就被气到退群，哈哈。

虽然平时不够正经，但最后的决赛里，他在下半场上场，力挽狂澜，命中关键球并赢下比赛。而不拉杆就进不了球的他，也带给大家很多次视觉上的享受。生活中，每当正式出门，他总是要抹上香水，穿好西装，或者撑把小粉伞惬意走在路上。虽然江总总想扮高冷，但没装一会就嘻嘻地笑起来了。正如那句话，心有猛虎，细嗅蔷薇！

陈科含

“我来院队是来学习的”，可能起点不是很高，但进步一定是最大的，科含经常认真而严谨地参加每一次锻炼，每一次比赛都能看到他的进步。

从篮下卡位到高位挡拆，从定点中投到勾手，技术提升的同时，他为球队留下的是谦逊的背影。那生活中，科含也是一位很暖的男生，幽默风趣的同时，也经常会和同学一起逛图书馆之类，互相进步互相学习，当然也会给球队的同学一些生活中的意见。在平淡的生活中瞥见自己的努力和成长就是一种幸福，坚信他会越来越好！

朱万胜

平时总是不怎么说话，但比赛时却经常对场上局势进行准确的判断和精准的分析，在比赛中也尽可能去拼搏每一个篮板球，珍惜每一次投篮机会，奉献自己的光与热。

生活中，万胜是一个挺关心同学

的人，喜欢唱歌，喜欢排球。那对于，整个球队呢，他提到了品杰同学的自信，并表示这种情绪带动了整个球队的进步，自己也应该有些自信与积极。热爱篮球，热爱学习，万胜就是这样一个男生，珍惜每一个进步的机会，向着更好进发。

享受每一次去聚餐吃干锅时候的酣畅淋漓，享受每一次在球场上挥洒汗水的激情，享受每一次和队友并肩作战的充实与自信，为什么要享受呢，不仅因为热爱，还有一份每过一次就会少一次的落寞。

总有一天，我们在校园里各自奔向属于自己的角落，我们会因为彼此的执念而各奔东西，人们总说“最是人间留不住，朱颜辞镜花辞树”，有些生活态度会随时间而改变，但是有些记忆却在流年中闪烁。如果风华是一指流沙，那篮球就会是那飘落风尘的不羁中最热血，最珍重那一部分。正如电子院队中每个人所说，篮球是生活，是生命，是信仰，是我们命运的起点。生活中的大家，或逗B或深沉，或从不正经，或一向深情，但是这都不打紧，我们在漫漫人生路上总会显得那么平凡，但是因为热爱，因为信仰，我们觉得可能在某些方面，我们曾试着伟大。

愿每一次回首，都能看到你们的影子；愿每一次成长，都能与你们相伴。因为篮球，我们从未走远。

我要做一个酷男孩

文｜ 吴珍庆（阿呆）
图｜ 吴珍庆（阿呆）

——记成电校园中的一个音乐梦想

不一样的工科生
小跳蛙乐队
兴趣 + 幸运 + 努力 = 梦想

01. 成立

七个人
六个学院
三个年级
是什么力量让他们相聚

小跳蛙乐队的自我介绍

2017 年 3 月 17 日，小跳蛙乐队成立。不知不觉已经过了一年多，在乐队成立之前，大家都还互相不认识，也因为这个契机，我们从学校的不同角落，认识彼此，聚在一起，成立了这个乐队。生活对于我们来说，不只有眼前的学习，还有音乐和远方。我们喜欢音乐，喜欢流行摇滚，喜欢看演出！同样，我们也喜欢表演！

问

为什么想到玩乐队呢？

阿呆

其实，组小跳蛙乐队之前我玩过两个乐队。至于创建小跳蛙乐队，初衷很简单，就是排李志的歌曲，这是我很喜欢的一名音乐人。虽然因为种种原因没能排很多他的歌，但是排的也都是我们喜欢的，就玩下来了。

问

那一开始大家都互相不认识的话，又是怎么组织在一起了呢？

阿呆

小跳蛙一共七个人，一开始我是在「成电树洞」投稿找到了吉他手跟主唱，然后其他人就是在吉他社以及乐霸学员群里面找到的。真的是巧合，也很幸运，就这么遇到了。

问

这么喜欢他们吗？要不要把你们乐队成员都介绍一下？

阿呆

可以呀，哈哈哈！

学生，我们叫她“肥鱼”，是我们的队花，我觉得她只喜欢英文歌，哈哈哈。有一次从西财演出回来，她跟我说过一句话印象很深，“真庆幸大家能够在一起，音乐口味还这么投合。”确实，真幸运。

贝斯手曾鹏飞是数学学院大二的学生，经常会说一些我们听不懂的话，我们都 get 不到他的点，不过，他竟然会织围巾跟小玩偶！我都有想过叫他织这个来卖，换来的钱当作乐队的经费！

然后，嘿嘿嘿，我是鼓手阿呆啦！我是电子学院大三的学生，真的很开心建了小跳蛙乐队，认识了这样的一群小伙伴，我一直觉得我一直单身绝对是因为把时间花在排练上而不是因为我丑！不过，每次排练完跟大家一起走回寝室的感觉真的不能再棒！

02. 成员

保研的英才学长
会手工的数院同学
你能看到他们身上绽放开的
青春力量

主唱薛迪是英才学院大四的学生，然后也是一名成绩优异的同学，获得了上海交通大学的保送研究生资格。真的很佩服他！然后他台风也超好！每次演出都能收获一大波小迷妹！骗你们的，其实是一堆小学弟，哈哈哈！

龙信宏也是小跳蛙的主唱，我们都叫他阿信，信通学院大三学生，声线超棒！声音超好听！不过拍子踩不准！经常被我们吐槽，哈哈哈！

吉他手许启迪也是英才学院大四的同学，是薛迪的好基友，真的是好基友，哈哈哈！保研本校，不过目前已经在导师的公司搬砖了，我特别喜欢他弹吉他的时候能很嗨的样子，哈哈哈。

吉他手且若辰是光电学院大二的学生，是一个排练经常迟到也经常联系不上的家伙！不过自从我拿到了他女朋友的联系方式后，这个情况就好很多了。

键盘手苏烽瑜是经管学院大二的

03. 成长

七个人 = 渺小
七个人 + 兴趣 = 无限的力量

问

那你们乐队人还挺多！这么多人是怎么协调下来的呢？有没有遇到过什么困难之类的？

阿呆

有呀！因为我在乐霸兼职，所以我们排练是不收费的，有时候有人迟到或者缺席，或者排练的时候自己的部分没有弄好，这是每个人都有过的。还有就是最近的专场，包括排练进度跟赞助上，困难都挺多的。

问

那你们平时有经常参加学校的活动吗？

阿呆

会参加。之前也有参加过吉他社专场、校庆嘉年华，还有新声代嘉宾之类的，也参加过西财吉他社的活动，前段时间还收到了西财大吉社的邀请，这个月月末就要去表演。

04. 未来

去玩
去努力
也还算年轻
希望大家过得都精彩

问

那活动还挺多，你们以后有什么打算吗？

阿呆

这个还没做长远打算，因为薛迪将要去上交读研了，一切都还是变数吧！我们目前就想把 5 月 18 日的乐队专场办好，现在对我们来说挺重要的。其实，我们也很希望能有更多的更多的同学来看看，不管我们平时热不热爱音乐，热不热爱生活，多少都会抑制自己，去学习，去开会，去值班，但是，我们希望大家在跟我们一起玩的时候能够尽兴地玩，这也是年轻人该有的呀！

对于我们来说，尽管这股冲劲，这种热胀的新鲜感在今后的生活里会慢慢淡却，但是至少此刻我们都是快乐的。在琴行坐着的时候，会看到很多同学来上课，那种很认真很努力的样子真像以前的自己，我现在都忘了以前为什么去接触架子鼓了，好像是喜欢节奏，还是喜欢一首歌来着，不过，它带给我的快乐远比我想象中的多得多。

也还算年轻，希望大家都过得精彩！

大学四年
不知道你有没有想做的事还没做
也不知道你有没有喜欢的人没有表白
在这里
愿每一个梦想都不会落空
愿我们都能成为想成为的人
以自己喜欢的方式度过一生

阿呆：对了，小跳蛙乐队户外专场将在 5 月 18 日在电子科技大学清水河校区举办，如果你有想听的或者想唱的歌可以扫下面二维码告诉我们哦！

扫描二维码观看
小跳蛙乐队 5.18 专场宣传视频

走四方

文 | 鱼泡泡
图 | 鱼泡泡

——成电人在乐山的美食之旅

在成电四年大学生活中，认识了这样一群伙伴：在学业上，是学霸；在科研上，是 paper 大佬；而在生活中，还是个美食家。毕业在即，谨以此文献给优秀且会享受生活的你们。

作为最能够刺激多巴胺分泌的因素之一，美食怕是每一个吃货都不得不为之倾倒的东西了。当好吃的入嘴的那一刻，那种享受真是赶得上小时候考双百的快乐了！

想起来前段时间去某个城市跑马，作为一名吃货，在市中心走了三公里多都没有找到一家吃饭的地，真的太失望了！要知道，在我的老家乐山就不可能存在超过 500m 的范围找不到美食的情况（摊手）。不夸张地说，可以吃一周不重样的热门美食。

好多朋友都希望本乐山土著能分享一份乐山美食清单，前段时间特地在朋友圈征集了一下乐山美食，去年国庆专程去乐山寻美食的室友表示乐山啥都好吃，吃了两整天还没有吃完，想在今年夏天毕业前再去一趟！

于是随便挑了个周末，给雷学姐、谭学长、小陈师傅当了一次导游。写出来一份乐山周末攻略，可以了解一下。（文末有彩蛋嘻嘻）

人在“乐”途

高铁

成都东站 - 乐山票价 54 元

成都南站 - 乐山票价 51 元

在成都东站和成都南站都可以坐城际高铁到乐山，1 小时左右。每天到乐山的高铁有十五六趟，节假日需要提前三周左右买票，普通周末提前三天买票即可。

大巴

票价 50 元左右

在新南门、石羊场等地的客运站都有到乐山的班车，节假日可以提前在网上订票，也可以到车站排队购票（大概免不了排很久的队），往往是坐满即走，滚动发车。

市内交通

市内交通也是极方便的，出租车起步价 5 元，超出 2 公里的部分每公里 1.6 元的附加费，基本上单次打车费用都在 15 元以内，大多数时候 10 元左右可以解决。

btw，不管是住在新城区还是老城区，都有很多美食。新城区有嘉兴路，老城区有张公桥。

好了，下面才是今天的正文。

前方多图高能预警！

吃在乐山

早餐

罗军包子

罗军包子已经开了 30 家分店

了，这次我们去的是茶坊路店。茶坊路有三家乐山有名的早餐店，罗军包子、马边抄手、味精素面，其中罗军包子就是最受欢迎的一家，每天早上六点多就开始有顾客排起队伍。一般每个人点一碗花生浆稀饭和三个包子，包子差不多 1.5 元一个。（我觉得我能一口气吃五个叉烧包……）

雷学姐对香菇包和鲜肉包的评价：再来一斤。

谭学长：我就没见过生意这么旺的早餐店。

阙记粑店

分店也是遍布乐山。

叶儿粑是乐山的一大特色小吃，分甜馅和咸馅，用糯米粉包裹，最外层再用芭叶包起来。家里人都喜欢吃甜馅，由花生、豆沙、blabla……混合成。从小到大只吃肉的我，向来只喜欢吃咸馅，就是肉馅。嗯，好吃。

早上起来吃两个叶儿粑，是开启美好崭新的一天仪式之一！哈哈哈！

午餐

王浩儿纪六孃（niāng）甜皮鸭

乐山到处都有分店，我们四个人在凤凰路分店买了半只甜皮鸭。在凤凰路上跟王浩儿纪六孃挨得很近的一家赵鸭子甜皮鸭也很有名气，王浩儿偏甜腻一点，赵鸭子稍微干一点，可以一家买半只来尝尝味道。如果是两个人出行，可以问一下店家能不能只称 1/4 只鸭子（有时候是可以的，大概是看老板心情）。甜皮鸭是称重卖的，一整只差不多 60 元钱上下。

份量还是很足的，工友让我帮忙带一整只甜皮鸭，带回来一寝室吃不完……还有就是，买甜皮鸭要趁早，下午四五点钟的时候可能已经卖完当日份了。

建议安排成午饭的下饭菜，别光吃甜皮鸭就吃饱了，留点肚子尝尝其他好吃的。

对于想帮其他朋友带甜皮鸭的同学，通常情况下，如果是当天食用，店家会建议不抽真空包装，即使是早上买来抽真空包装，下午开袋食用，味道都大不如新鲜的了。当然，想要有良好的美食体验，最好是到乐山本地吃了！

冯四孃跷脚牛肉

买好甜皮鸭过后，我们来到冯四孃跷脚牛肉。两家店挨得很近，就在同一个路口上。跷脚牛肉其实在成都都有很多店，有些店吃到人均四五十元还吃不饱，味道也比较普通。其实，在乐山吃跷脚牛肉，人均二十多元钱就可以吃到撑。点菜的时候，本地人很少点大锅，更喜欢小碗小碗地点。

四个人点了一份脑花烧豆腐、两碗鲜牛肉、一碗牛杂、一碗蹄筋、一碗肥牛、一份粉蒸牛肉，一共95元钱，事实证明我们还是点多了，撑到最后还是没吃完。谭学长夸冯四孃的跷脚牛肉是真的嫩！

晚餐

九九豆腐脑

乐山有两家出名的豆腐脑连锁：九九豆腐脑和豆豆豆腐脑。下午去乐山大佛逛了回来就直奔位于牛咡桥的这家九九豆腐脑新村一分店，就在梅西百货的

旁边。这是一家我每次要离开乐山回学校之前都想去吃一顿的豆腐脑。到的时候已经晚上七点多了，刚好赶上了闭店前的最后一波。白天营业的时候，点好菜一分钟之内就会端上来，吃好后起身离开，马上又会有新的吃客坐下，从上午到傍晚闭店，顾客就从来没见少过。

素豆腐脑5元，加上一笼粉蒸牛肉，就9元一碗，豆腐脑里面的粉条一直是我的最爱啊！到嘴里就化了，特别入味！每次一定要吃到碗见底了才满足。

九九豆腐脑旁边巷子口有个小推车卖的“豆腐干咔丝丝”，是我母亲大人的心头爱。

这名字通俗易懂，它的做法正如字面意思所表述的那样，萝卜丝夹在三角形的豆腐干里面，浇上秘制的甜醋，吃一次就能爱上。近期的价格大概是10元钱三串，每串上面有四块豆腐干咔丝丝……

因为去的时候已经七八点了，已经卖完了，有点遗憾。

夜宵

二妹油炸串串

油炸串串是乐山的另一个特色小吃。可以这么说，每条街都至少有一家油炸串串。乐山的夜晚是很热闹的，在家的日子几乎天天晚上都被爹妈和叔叔阿姨叫出去吃夜宵，通常就是吃油炸串串或烧烤。

我们周五到达乐山的时候就已经是晚上十点半了，下着瓢泼大雨，连行李都没放，就直奔嘉兴路的二妹油炸串串香吃夜宵了。（店面照片是第二天白天专门去补拍的）

加上四瓶加多宝，四个人一共消费了105元。小陈师傅夸乐山小吃便宜又好吃，哈哈哈！本土著听了觉得有点小骄傲！

东尚烧烤

第二天晚上十一点冒着小雨跑出去买了包浆豆腐和烤脑花，打包回来吃，一份包浆豆腐16元，这顿夜宵一共才34元。

不吃这一口总会觉得有点遗憾。

吃在乐山

乐山大佛

全票90元/人

学生票50元/人

崖石刻造像，坐落于岷江、青衣江、大渡河三江交汇之处，于公元713年开凿，前后历经90年才完工。

乐山土著门票费10元，hiahia。

如果想看大佛全景建议直接去买船票。为了下栈道摸大佛脚趾而排队的场景可以看图感受一下……也就排个三小时吧。（这还只是个普通周末）

峨眉山

旺季门票185元/人

淡季门票110元/人

学生票半价

如果时间充裕，也可以把峨眉山计划在内，乐山到峨眉山也就半个小时。峨眉山的淡季为12月15日至来年的1月15日。

周末时间短暂，恨不得一天吃十顿，可惜肚子装不下了！

傍晚可以去乐山大佛外面的嘉定坊散步。嘉定坊不需要门票噢！或者去有乐山城市之肺美称的嘉州绿心公园（绿心环线游道全长10.16km）跑跑步也是极好的，顺着河边走走、吹吹河风也是一种享受！

如果你觉得这篇文章还不错，别忘了分享到朋友圈支持一下嘛！

最后，预祝各位享用愉快！

遇冷则美

策划｜陈楚妍　又　又　　文字｜王冬凌　廖　沁
图片｜陈楚妍　田泓铠　　编辑｜程子寒

——街拍电子人如何把秋装搭配到时尚最前沿

九月寒砧催木叶
一阵紧似一阵的秋风
让走在街上的小编
不禁冷得瑟瑟发抖
只有羽绒服＋秋裤的配置
才能感觉到一丝丝人间的温暖
不禁让人感慨
风度算什么，温度才是最重要的
但是，还是有这么一帮电子人
他们“逆天而行”
在成都的寒秋
一扫理工学院的黑白灰
把原本臃肿御寒的秋装
搭配出了前沿时尚感
让我们一起来看街拍！

1

月灰色的针织衫轻轻地碰着寒意不让其靠近，长到手背的袖子半包着女孩儿在秋日容易冰凉的手，温暖而轻盈。淡妃色的衬衫又加上了一份正式与气质，藏青色的牛仔裤搭上 bling bling 的帆布鞋，整个人都是“靓”色的！

秋天啊秋天，为了小姐姐你可否多停留？为了电子学院这般，柔情万种。

2

无叛逆，不青春。秋天的降温怎么能挡住潮流，电子的搭配 BOY，将年轻与活力释放，一改大家对理工男格子衫刻版的印象，叛逆的鹰 LOGO 搭配一双与漫威死侍联名的 VANS，专属少年的黑红格调与金黄银杏相衬。嗯，是酷雅的气息！

如果说这样穿搭是一种函数，那一定不收敛，坐在课堂上必是让人眼前一亮。小哥哥，我能问你道微积分吗？！

3

一次不经意的抓拍，却捕捉到秋季最文艺的风景。zara 的锯齿围巾自由垂下，护住最易受风侵袭的脖颈；urban revivo 的格子风衣肆意敞开，引风扬起衣摆，寒意却被鹿头毛衣与灯芯绒长裤格挡在外；橙棕色反绒皮靴与浅咖啡色长裤搭配，暖和又融洽。

不张扬也不低调，不厚实也不单薄，秋季，刚好。

4

她踏着经典 VANS 似要跨出秋天最美的格调，卡其色的风衣搭在削肩之上，两颗随性的纽扣昭示着她风格的同时，也锁住些许温暖。延颈秀项被花边高领簇绕，喇叭状衣袖与花边长袜相得益彰，共同守卫着容易漏风的关卡。

光容玉颜，笑似花蕾未放，你只需要一套能使你忘记寒意，点燃微笑的着装。

5

你是否想过，在凉风侵肤之时，逃离暖和的自习室，去追寻年轻人的桀骜。他便这样做了，孤狼般潇洒地凭栏东湖，观花，赏水，听风，无惧寒冷。你只需内衬一件低调的线衣，外套纯色的卫衣，便能将男儿的阳光散发至东湖一隅；一条藏青色的修身牛仔，配上一双高帮鞋，便能与冷风为敌。

oversize，是孤狼的选择，亦是秋冬最好的选择。

6

天冷，偏要比天更冷。灰色卫衣衬在米白色夹克里，只拉三分之一拉链，用冷艳向低温示威，紧身的黑色裤子并未让秋凉冲淡了其美感，还洋洋有余呢！黑色的衬衫和九分裤用来突出女孩子的秀欣再合适不过了，偏偏卡其色的外套穿出了 BF 风，帅到燃起，怕是男孩子也比不过。

足以绕指十二圈半的长发搭上酷酷 BF 风，和一个高“冷”的小姐姐走在一起，即使是秋的美，也要逊色几分。

7

初秋方至，道旁的银杏还倔强地绿着，要把这最后的生命用来衬托这位英气逼人的同学。酒红的卫衣被似隐若现的胸肌撑起，阳刚热情扑面而来。身着浅墨绿色的工装裤的他，不禁在这懒洋洋的午后，放慢了前行的匆匆脚步。

万里长秋，风霜寥廓。他的秋天或许就因此，因这一身，而桃花惹眼。

C o

L D

风衣果真是秋季的不二之选。随性的前襟，宽大的袖口尽显二姐的不二霸气；俏皮的发丝似受银杏叶的点染，在风中微微飘扬，透露出银杏园丁的些许柔情。整体的宽松风给人以迎面而来的温暖和舒适。

但也悄悄提示大家，没有二姐的强健体魄，可要藏踝哦。秋天，毕竟也是长袜的争奇时刻。

8

正式的浅蓝色衫村衫与休闲的藏青色风衣，让这位辅导员更像个阳光男孩。拉近了与学生们的距离，却又不失优雅风度，皮带偶尔反射的光闪烁着帅气，浅色的长裤配上擦得锃亮的皮鞋，这是专属男人的严谨与稳重。在篮球场，在降温的时候走出了青春活力！

孩子们，“阳”光在的秋，不会冷！

9

看了上面的街拍

是不是get到了很多

秋装搭配小技巧呢

快糅合进自己的想法和创意

在这个秋天

穿出属于我们电子人的独有风格

OR

CO

OL

看，这群成电人在国庆成了最靓丽的风景线

文字｜凌荣勋　久　歌
图片｜KahoChan　熊灿龙
排版｜汪　海

十一长假是大部分人休息放松的日子。或是来一场说走就走的旅行；或是和亲朋好友们团圆叙旧，把酒言欢；抑或是宅在宿舍，天天和外卖相伴。但是，国庆期间，在我们的身边还有这样一群人坚守在岗位，或是奉献、或是战斗。不放假的他们，成为成电假期里的一道最靓丽的风景。

食堂工作人员在假期坚守岗位

1

“在成电工作的十四年里，为了给同学提供更好的用餐服务，我们每年的国庆都是在轮流倒班中度过的。”

谢谢你们，可爱的食堂工作人员。因为你们的奉献，我们总能吃上可口的饭菜。

2

“能为师生们提供便利的校车服务，我们高兴得很。”

放假期间，为了 7:20 从沙河发往清水河的班车能够准点抵达，住在双流的司机师傅清晨 6 点就得从家里出发。

校车师傅们在国庆假期依然按时发车、收车

3

国庆假期，为了保障学校的安全，保卫处的保安们依然坚守在自己的岗位上。

不管是艳阳高照还是风雨交加的日子，不管是车水马龙的白天还是寂静安谧的夜晚，他们坚守在岗位，站好自己的每一班岗，守护校园的一片宁静。

学校保安正在站岗

4

“在管理宿舍的这几年的时间里，每次看到宿舍里的学生们就像看到了自己在上大学的孩子，工作虽然辛苦但很充实。”

宿管阿姨说：“其实我是非常喜欢旅游的，想去的地方也有很多，希望等到自己退休后能多出去看看。”提到国庆加班的缘故无法和家人们一起出游，她说：“这几年在宿舍管理的工作中结识了很多优秀的成电学生，已经非常开心和满足了。”

沙河校区四栋的宿管阿姨正在工作

5

放假期间为了给同学们提供舒适的学习环境，图书馆的工作人员早早来到了自己的岗位。

袁老师说：“在成电工作的8年时间里，见证了成电图书馆设备的日益更新，看到求学的成电学子能在知识的海洋里畅游，自己辛苦一些是非常值得的。”

图书馆工作人员正在工作

6

“最好的时光，给最值得奋斗的理想。”

赵蕴鹏说：“考研将近，希望自己可以在2018年考研中取得理想的成绩，考取自己想要进的专业。也祝所有考研的同学金榜题名。”

电子科学与技术专业的大四学生赵蕴鹏正在备战考研

7

“科研，比起去观赏人山人海，已经是一种很舒缓的放松方式了。”

研二学生何宇豪正在做实验

感谢每一位国庆期间依旧坚守在岗位上的工作人员，是你们的付出为我们提供了舒适的假期校园生活。也祝愿每一位执着奋斗的成电人，都能在最好的年华实现自己的梦想。

寻寻觅觅，成电初秋掠影

图片 | KahoChan 熊灿龙
文案 | 凌荣勋 九 歌

九月授衣，十月获稻
国庆刚过
秋季倏忽而至
带起点点金黄

①

- 是一叶知秋，还是留恋着夏天 -

枫叶依偎在花儿的身边
轻轻耳语着

一场秋雨过后
成电的秋叶打着旋儿落在池塘里

银杏的叶子懒懒地躺在草地上
享受着秋天的凉爽
这感觉“好安逸哟”

不舍得成电夏日的银杏叶
落下时还保持着它夏天的颜色

②

- 成熟的果子挂枝头，秋就在眼前了 -

小灯笼似的野柿子在枝头

荡着秋千

红彤彤的火棘果儿

也耐不住对秋天的向往

探出头来看看这成电秋的美景

③

- 秋的味道是甜甜的，秋的声音是悦耳的 -

成电的秋天银杏果儿落在草丛中

阿婆趁着秋的凉爽收集些

用来做白果粥

河畔花丛中的女孩欣赏着这秋天的美景

一路谈笑风生地走过

银铃般的笑声在风中久久徘徊

④

- 成电的秋是快乐的，歌声轻唱 -

西湖的黑天鹅，悠游水上

日落斜阳，湖面金黄

微风和畅，厚了衣裳

怀揣着希望，用知识装满行囊

⑤

- 成电的秋是热烈的，迸发力量 -

红的像火

最后的火红

致敬最后的倔强

老树盘根，撑开坚实的土壤

秋天，不过是生命的一程

不长不短

白色的小蘑菇，趁着丰沛的雨水冒头

秋天呐，孕育新的生命、新的希望

成电的秋

内敛又迸发力量

火红又伴着金黄，闪闪发光

秋色正明媚

莫负

镜头一视界

图片 | KahoChan　熊灿龙
文案 | 凌荣勋　九　歌

作品：大三巴牌坊 By：周恺

原圣保教堂禄教堂正门面壁遗址，见证着澳门四百年的风风雨雨

作品：轻 By：彭睿

在北半球的冬天，往往见不到银心，银尾和诸多星云比起来，自然也就算不得什么了，好比生命中的那些无法承受之轻

作品：？ By：彭睿

无论是拍照还是修图，都很能体现心境；这张片子，或许是想表达混沌中的秩序吧

作品：灰色 By：彭睿

生活中有诸多色彩，红的白的绿的，其实灰度图才最有故事感；这是贡嘎，有一点点颜色的贡嘎，能讲故事的贡嘎

作品：亚丁仙乃日 By：周恺

我们永远记得，在筋疲力竭、气喘吁吁之时，见到神山，不是感觉欣喜而是有了信仰

作品：格桑花 By：周恺

从高原散播到大江南北，似弱不禁风却开出花海

作品：贡嘎 By：陈家豪

日出彩云下，像极了海子边披着披风的侠客

作品：夜 By：陈家豪

寒夜也冷冻不了成电人对运动的热情

本科 2017 级
记者团副团长
韦梓锐

本科 2017 级
记者团团长
谢欣桐

本科 2017 级
视觉部部长
曹明锐

本科 2017 级
视觉部副部长
陈晟迪

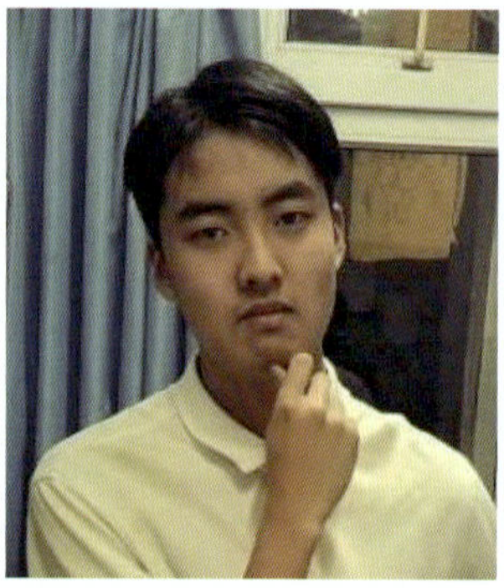

本科 2017 级
新媒体部副部长
施楠

本科 2017 级
执行副主任
胡宇晨

本科 2018 级
记者团
罗佳欣

本科 2017 级
视觉部副部长
何铮

本科 2017 级
新媒体部
陈楚妍

本科 2017 级
新媒体部部长
车行

本科 2017 级
执行主任
王天骄

本科 2018 级
记者团
李雨潼

本科 2018 级
记者团
刘旻俊

本科 2018 级
记者团
廖沁

新传风采

本科 2016 级
策划部
付威

本科 2016 级
策划部
余寅实

本科 2016 级
策划部
王鹏杰

本科 2015 级
策划部
孔双峰

本科 2016 级
策划部
王焕宇

本科 2016 级
策划部
周滟朋

本科 2016 级
策划部
周三强

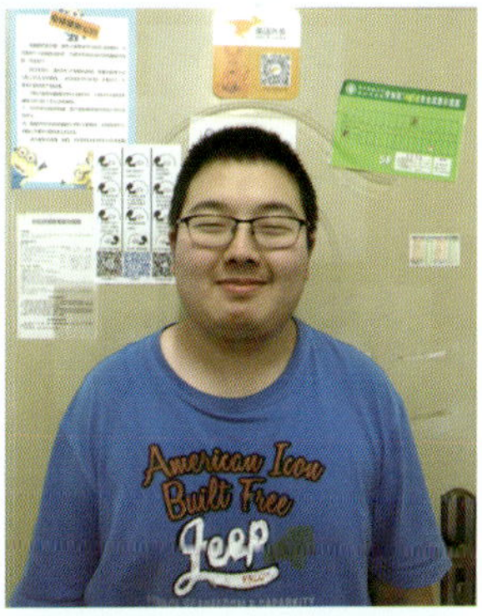

本科 2017 级
策划部副部长
许潜力

本科 2017 级
策划部
刘昊南

本科 2017 级
策划部
庄炎铭

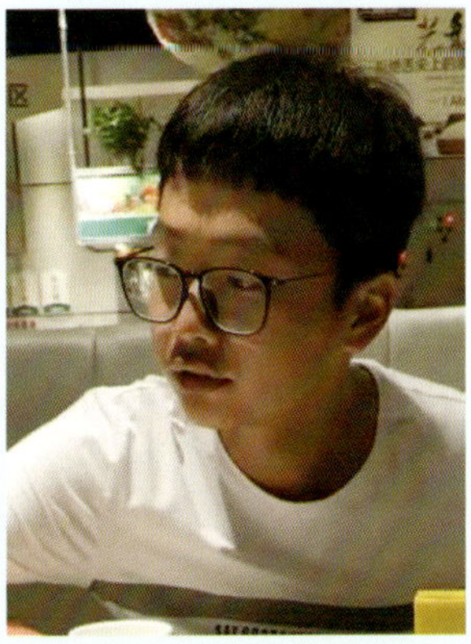

本科 2017 级
策划部副部长
于江浩

本科 2017 级
策划部部长
张书文

本科 2018 级
记者团
王冬凌

本科 2018 级
记者团
张金杏

本科 2018 级
视觉部
陈也

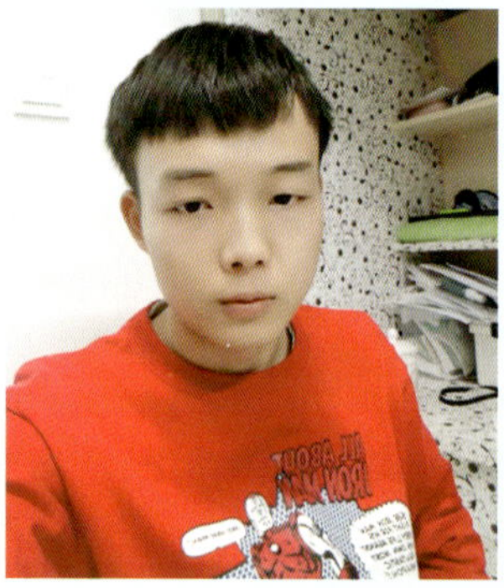

本科 2018 级
视觉部
傅雨藤

本科 2018 级
视觉部
李孟优

本科 2018 级
视觉部
皮昕浩

本科 2018 级
视觉部
钟明灿

本科 2018 级
视觉部
钱晨辉

本科 2018 级
新媒体部
程子寒

本科 2018 级
新媒体部
蓝毓青

本科 2018 级
新媒体部
廖莉琼

本科 2018 级
新媒体部
吴梦洁

本科 2018 级
新媒体部
汤振飞

本科 2018 级
新媒体部
王燕宁

本科 2015 级
技术部
林嘉文

本科 2016 级
记者团
靳晓兰

本科 2016 级
技术部
杨凡希

本科 2016 级
技术部
周恺

本科 2016 级
新媒体
杨树澄

硕士 2016 级
记者团
陈敏

硕士 2016 级
技术部
余述鹏

硕士 2016 级
记者团
郭月莹

硕士 2016 级
新媒体部
殷鹏飞

硕士 2016 级
技术部
何宇豪

硕士 2017 级
记者团副团长
凌荣勋

硕士 2017 级
记者团
谯彬

硕士 2017 级
记者团副团长
蒲小庆

硕士 2016 级
新媒体部
张宣

本科 2015 级
技术部
赵蕴鹏

本科 2016 级
记者团
李美萱

硕士 2017 级
记者团
高蜀峰

硕士 2017 级
记者团
沈仕远

硕士 2017 级
记者团
肖紫嫣

硕士 2017 级
记者团长
金云颐

硕士 2017 级
技术部
刘晨曦

硕士 2016 级
记者团
容浚源

硕士 2017 级
技术部
宋施雨

硕士 2017 级
技术部长
陈家豪

硕士 2017 级
新媒体部
程思元

硕士 2017 级
新媒体部
陈龙

硕士 2017 级
新传主任
李尚栋

硕士 2017 级
新媒体部
李苏凡

硕士 2018 级
副主任 &
新媒体部
潘翔鑫

硕士 2018 级
记者团
毛佩瑶

硕士 2018 级
记者团
赵一尚

硕士 2018 级
技术部
刘雷

硕士 2018 级
技术部
熊灿龙

硕士 2018 级
技术部
杨锋

硕士 2018 级
新媒体部
汪海

硕士 2018 级
新媒体部
魏金平

硕士 2018 级
新媒体部
唐雨晴

硕士 2018 级
新媒体部
陈强

$\nabla \times \vec{H} = \vec{J} + \frac{\partial \vec{D}}{\partial t}$
$\nabla \times \vec{E} = -\frac{\partial \vec{B}}{\partial t}$
$\nabla \bullet \vec{B} = 0$
和易
$\nabla \bullet \vec{D} = \rho$

电子科学与工程学院
志着一个科学时代的终结
代的开始。
——阿尔伯特·爱因斯坦
詹姆斯·克拉克·麦克斯韦
(1831~1879)
英国物理学家、数学家，
经典电动力学的创始人。

策划编辑 周清芳
责任编辑 周清芳
封面设计 墨创 M.C CULTURE

ESE 2018

ISBN 978-7-5647-7183-6
9 787564 771836 >
定价: 98.00元

中等职业学校新课标公共课配套辅导

心理健康与职业生涯

学习辅导与训练

主编　严　洁　魏丽丽

新华出版社